豊州立憲改進党党員

小幡小吉小伝

松岡博和

海鳥社

はじめに

大分県玖珠郡玖珠町に運行寺《うんぎょうじ》という寺がある。妻直子の母小幡《おばた》八千代の実家である。子供が幼い頃は、盆や正月あるいはお彼岸になると、私たちの住む博多から列車やタクシーを乗り継ぎ家族総出で寺に帰ったものである。住職は母の弟廣行《ひろゆき》が務めており、寺のたたずまいが好きな私には大変居心地の良いところであった。夏の暑い日などは本堂で涼しい風に吹かれたことを思い出す。

今回、義母八千代の願いに応えて、母の祖父小幡小吉《こきち》についてまとめることにした。母の話によれば、小吉の家は大分県下でも有数の分限者《ぶげんしや》で、「筑後川が逆流することがあっても倒れることはないだろう」と言われたものらしい。しかし現実には小吉の家は倒れ、それだけに資料もなく調査は難航したけれど、小吉の人物像は少しばかりつかめたように思う。

小吉は明治の頃に大分県の県会議員を長く務め、衆議院議員の選挙にも出た人で、大変活動的な人であったらしい。時代は自由民権運動の時代である。明治維新後、薩摩・長州出身者による藩閥政府は、版籍奉還、廃藩置県、欧化策を着々と進めているが、これに対する批判も高まっている。当初は不平士族が中心であったが、福沢諭吉らが紹介した西洋の自由思想に基づき、国会開設、憲法制定などを要求する政治運動へと展開した。その後、都市の商工業者や知識人、さらには地方の地主層までも取り込んで、要求も地租軽減、条約改正、地方自治などへと拡大していった。明治十四（一八八一）年一月、板垣退助を総理とする自由党が結成されると、翌十五年三月には、大隈重信を総理とする立憲改進党が結成され、犬養毅や尾崎行雄らが結集した。同党はイギリス流の立憲主義に立ち、慶応義塾出身者が多く加わっていた。

同年五月、大分でも立憲改進党の地方組織として豊州立憲改進党が結成されている。小吉もこの組織の中心人物であり、大分県会議員として、警察費の増大に反対し、また日田・玖珠地方を襲った大水害の復旧や佐賀県道（現在の国道210号線）の整備などに精力的に取り組んでいる。

ところで、小吉は小柄な男であまり風采《ふうさい》の上がらないおじいさんであったと母は言う。しかし母が生まれる前年、大正三（一九一四）年十一月十三日に六十歳で死去しているから、母は直接に祖父に接したことはない。両親の話から、自分なりに小吉像を作り上げたのであろう。ちなみに母の誕生日は、奇《く》しくも小吉の祥月命日である。

小吉は、安政二（一八五五）年九月十日、大分県玖珠郡松木村《まつぎ》（現在の九重町松木）の庄屋小幡利忠《としただ》の次男として生まれた。幼名は助次郎という。兄が早世したため嗣子《しし》となっている。明治五（一八七二）年一月二十五日、小吉が十八歳のとき父利忠は隠居し、家督は小吉に相続されている。このとき利忠はまだ四十五歳という若さであって、この後五十九歳まで生き、明治十九年十一月二十八日に死去した。

小吉は、明治十三年十一月十七日、二十六歳のとき、阿蘇郡小国村の生まれである原田茂波《もは》（モハとも表記）を妻にした。ときに茂波十九歳。小吉と茂波の間には二男五女が生まれている。次女は早世しているが、長女はミセ、長男は山麓《さんろく》、三女はクシ、次男は親雄《ちかお》、四女はタエ、五女はトミである。

長女ミセの子が私の妻直子の母八千代である。ミセは明治四十四年七月二十六日、玖珠郡四日市の運行寺住職である小幡行学《ぎょうがく》のもとに嫁いでいる。運行寺の小幡家も松木小幡家も同族であり、また四日市にはもうひとつ小幡一族の本家がある。このように玖珠地方における小幡一族には、四日市を本家として松木の小幡家と運行寺がある。

小吉は前述のとおり大正三年十一月十三日、六十歳で死去し、同日長男山麓が家督を相続した。山麓はこのとき三十歳。その後三十五歳で鷲味《わしみ》ツジを妻とした。山麓は大分県南部の蒲江《かまえ》に発電所を建設するなど、事業熱の高い人物であったらしい。また大分駅前に自宅を持ちながら、別府浜脇《はまわき》の高台に父譲りの別荘を持ち、小吉の死後、母茂波や妹のクシを呼び寄せた。山麓には子がないまま、昭和十八（一九四三）年五月十日、浜脇の別荘において五十九歳で死去した。茂波も同年十二月七日、子山麓の後を追うようにして、同じ浜脇の別荘で死去した。八十二歳。身寄りを失ったクシは、四日市の運行寺に身を寄せていたが、戦後昭和二十二年十月二十七日、姉のミセに看取られて死去した。また、次男親雄には女子が一人いたが、嫁がぬまま二十三歳で亡くなった。

以上のとおり、小吉の後は男系の血筋は絶えているが、現在小吉の孫としては、ミセの長女小幡八千代と運行寺の現住で長男の廣行及び豊後中村の開業医に嫁いだ御堂《みどう》トミの子綾子がいる。なお八千代は運行寺の長女として、同じ玖珠郡玖珠町山浦の専徳寺から辛島《からしま》菊千代を婿養子に迎えて小幡姓を称してはいるが、結局八千代が運行寺を継ぐことはなく、戦後に戦地から帰ってきた廣行が住持となった。

以上は、玖珠郡九重町及び同郡玖珠町の役場から取り寄せた戸籍謄本などによって確認したところである。

母が出た運行寺は、四日市の小幡本家及び松木の小幡家、そしてその一党の菩提寺だったようである。これら小幡家の間では、嫁にやったり養子にもらったりが頻繁に行われており、明治になってからだけでも、松木から運行寺にミセが嫁いだように、四日市本家には松木からの養子が二代続いている。なお小吉が生まれた松木小幡家は分家して三家になるが、小吉が継いだ本家は絶えて現在では二家が残っている。

本稿では、松木小幡家に生まれた小幡小吉について取り上げ、どのような時代に生きたのか、またどのような言動をとった人なのかをとりまとめ、さらに可能な限り、運行寺のことなど周辺の関連事項についても触れることにした。しかし何分にも史料が乏しく、しかも小吉の孫に当たる母八千代や運行寺住職も高齢になり記憶も曖昧になってしまった。むかし母が「小吉のことを調べてほしい」と言っていたのを思い出す。もう少し早く調査に着手しておけばよかったと悔やまれる。

ようやく重い腰を上げて数年前から調査を始めてみたものの、自家所蔵の記録が全くないのであるから、大分県立図書館が所蔵する大分県会の議事録や県編纂の公的な記録及び当時の新聞、さらには関係の方々からの聞き取りだけが頼りである。重要な史料はできるだけ原文を引用するよう心がけたが、漢字とカタカナの入り混じった文語調の文章は読みづらい。原文の前または後に解説を加えているので、原文をとばして読んでもらってかまわない。十分に意味は通じるはずである。

なお、本稿を作成するに当たっては多くの文献を参考にさせていただいた。基本的にはそれぞれの箇所に掲げてはいるが、主な参考文献を巻末にまとめて掲載した。

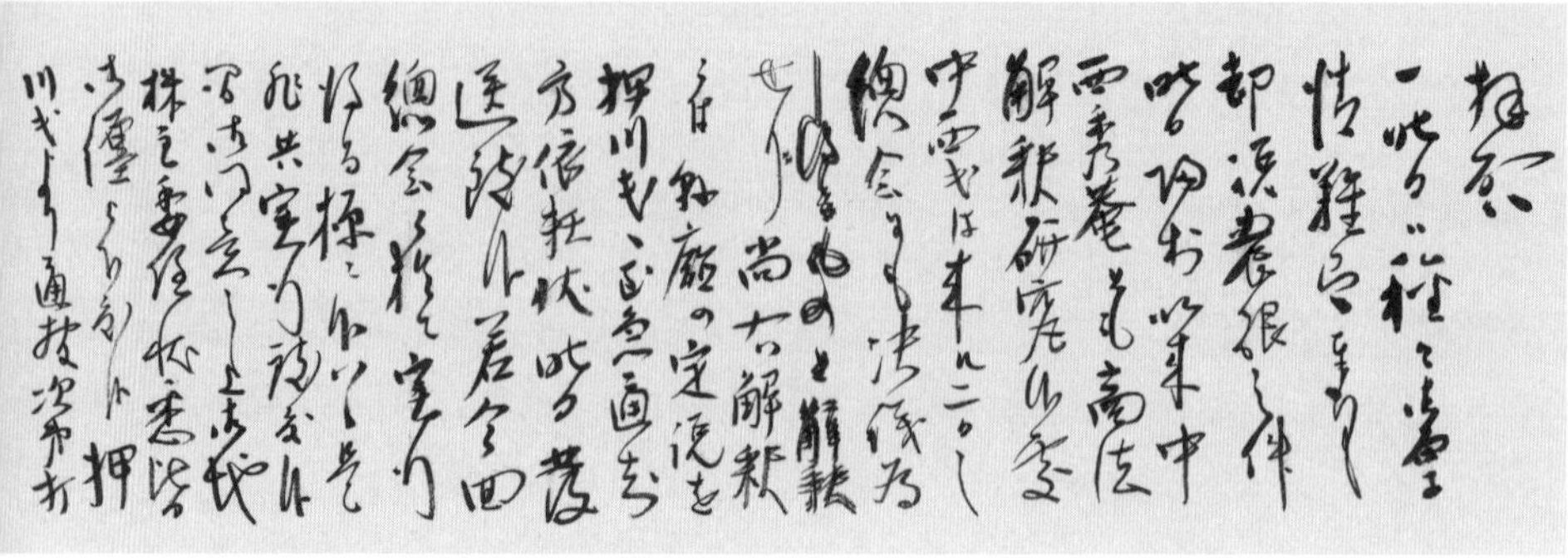

拝啓
一昨日ハ、種々御厚
情難有奉存《ありがたくぞんじたてまつり》候。
却説《きよせつ》、農銀之件、
昨日帰村以来、中
西秀庵とも商法
解釈研究候処《ところ》、
中西氏は来ル二日之
総会にも決議為
し得るものと解釈
せり。尚、右解釈
ニ付、県庁の定説を
押川氏へ至急通知
方依頼状、昨日発
送致シ候。若《もし》、今回
総会ニ於て実行
得る様ニ候ハバ、是
非共実行致シ度《たく》候
間《あいだ》、御同意ノ上、御地
株主委任状、悉皆《しつかい》
御纏《まと》メ被下度《くだされたく》ク候。押
川氏より通報次第、打

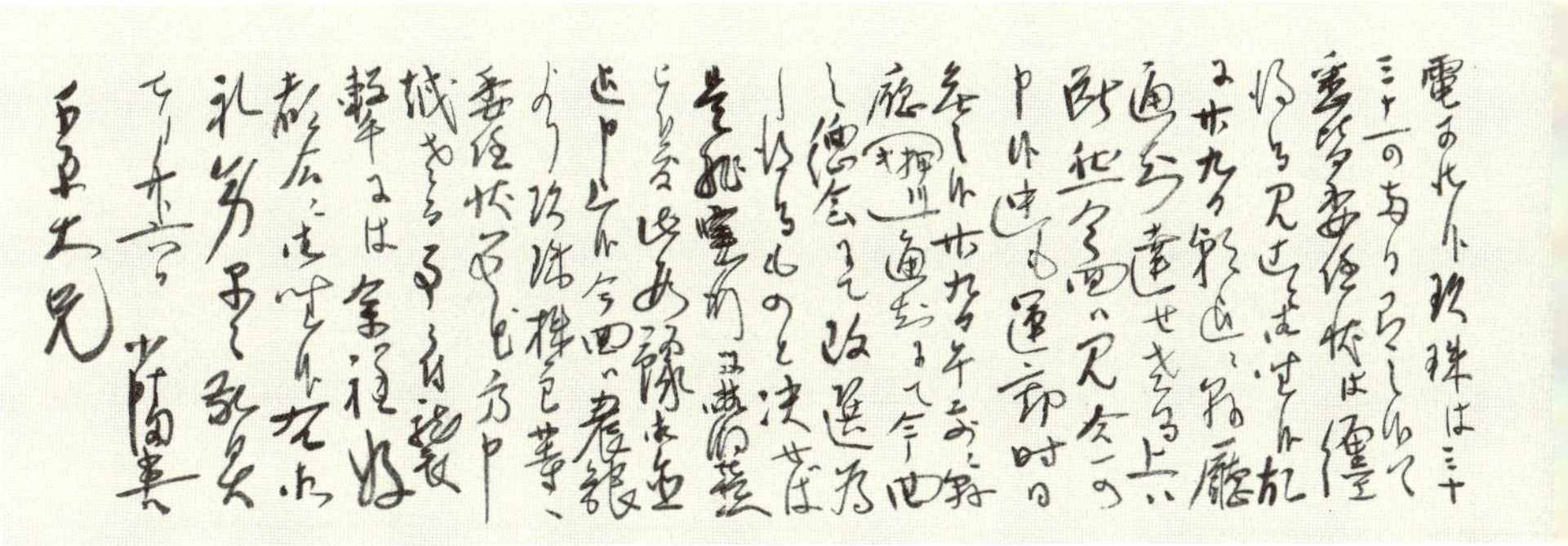

電可　仕候《つかまつるべく》、玖珠は三十、
三十一の両日、有之《これあり》候ハバ
悉皆委任状ハ纏メ
得る見込みニ御座候故
ニ、二十九日朝迄ニ県庁
通知達せざる上ハ、
断然今回ハ見合可
申候。迚《とて》も運動時日
無之《これなく》候。二十九日午前ニ県
庁（押川氏）通知にて、今回
ノ総会にて改選為
し得るものと決せば、
是非実行に御同意
被下度《くだされたく》、此ノ段予《あらかじ》メ御直
迄申上候。今回ハ農銀
より玖珠株主等へ
委任状差出方申
越さるる事ニ付、襲
撃には余程好
都合ニ御座候。右御
礼旁《かたがた》々早々　敬具
七月二十六日　　　小幡小吉
千原大兄

「七月二十六日付　小幡小吉書状」
（九州大学附属図書館付設記録資料館九州文化史資料部門蔵）

＊本書の冒頭には小吉の肖像画を掲げたいと思ったが、実は小吉の写真も肖像画も残ってはいない。やむなく、小吉直筆の手紙を掲出することにした。原文のままでは読みづらいので、参考のため活字に直して引用する。なお翻刻に際しては、阿蘇郡小国町の旅館「綿屋」の当主藤崎清高氏の御父上藤崎清一氏にご協力をいただいた。

豊州立憲改進党党員　小幡小吉小伝◉目次

第三章　咸宜園後に小吉が学んだ私塾

第四章　小吉の妻茂波

第十章　明治三十一年八月の第六回衆議院議員総選挙

むすび

追記　僧霊照について

豊州立憲改進党党員

小幡小吉小伝

第一章　玖珠地方の小幡一族

1　天領と森藩の城下町からなる玖珠

玖珠は大分県の西北部に位置する盆地である。玖珠郡といった場合、玖珠町と九重町という二つの町からなる。東は水分《みずわけ》峠を越えると湯布院へ通じ、さらに峠を越えるとその東には県都大分と湯の町別府という二大都市がある。水分峠は、その名のとおり九州山地を東西に分ける分水嶺であって、地理的にみれば玖珠は九州山地の西側にある。玖珠の中心部を流れる玖珠川は下流では筑後川となり、有明海に注いでいる。

玖珠盆地に初めて入った人は、まずメサ（スペイン語で卓状の大地を意味する）といわれるテーブル状の山々に目を引かれるのではないかと思う。玖珠のシンボルとも言うべき伐株山《きりかぶさん》をはじめ、大岩扇《おおがんせん》と小《こ》岩扇《がんせん》、角埋《つのむれ》山もめずらしい自然地形であり、特に万年山《はねやま》はダブルメサとして知られ、初夏にはミヤマキリシマが群生する。また飯田《はんだ》から長者原《ちょうじゃばる》にかけての高原地帯、噴煙を上げる硫黄山、九州山地最高峰の九重連山、九重九湯《ここのえきゅうとう》、そして龍門の滝、慈恩の滝、震動の滝等々多くの滝もある。玖珠の自然景観は

伐株山

実に変化に富んでいる。

ところで江戸時代の玖珠郡は、日田代官支配下の天領と久留島《くるしま》氏の城下町である森藩領に二分されていた。中心地の森は森藩久留島領であり、本稿に取り上げる四日市や松木といった地域は天領に属している。

森藩についてみると、藩領は日田・玖珠・速見《はやみ》の各郡にまたがっており、藩庁の陣屋は森に置かれていた。藩主久留島氏は村上水軍の一軍であった来島《くるしま》水軍の後裔であり、先祖は伊予国来島に一万四千石を領していた。関ケ原の合戦で西軍に属し、存亡の危機に立たされたが、福島正則らのはからいで家名は存続し、豊後森に旧領と同じ石高を得て森藩が誕生した。後に来島を久留島と改め、幕末には藩論を勤王倒幕で統一し、放棄された日田の西国筋郡代代官所の警備を任された。なお童話の語り部として知られる久留島武彦は、藩主の末裔であり、近年では玖珠町役場も「童話の里」として地域情報の発信に力を入れている。

また玖珠という地名の由来については、次のような話が言い伝えられているので、紹介しておきたい（『玖珠町史』「口頭伝承」の章）。

むかし玖珠には、天にも届くほどの大きな楠の大木があった。朝日がさすと影は有明海にかかり、夕日が当たると影は四国にまでかかったという。あまりに大きな木であったため、玖珠地方には一日中陽がささず、田畑の作物は育たずまた病人が続出した。困り果てた村人は、身の丈九百尺もある大男に頼んで、楠の木を伐り倒してもらうことにした。大男は怪力をふりしぼって、斧を楠の大木に打ち込んだが、翌朝には傷は元どおりに治っている。大男が困りはてていると、木の上の方からヘクソカズラの精が下りてきた。ヘクソカズラの精が言うには「今まで楠から精をもらって生きてきた。お礼に、楠に傷がつくと汁を塗って治してやってきたが、楠はわたしの臭いを嫌いわらってきた。わたしは腹を立てており、楠を伐る秘伝を教えたい。そのためには伐ったクズを毎日燃やしてしまえばいい」と。

夏が来て秋が来て、そして寒い冬が来たが、大男は休むことなく伐り続け、三年と三月をかけて楠の大木を伐り倒した。木クズを焼き捨てた所が「灰山」であり、今では寺山と呼ばれている。大きな湖であった玖珠盆地や日田盆地は、倒された楠で土手が伐れたため、湖水が流れ出て玖珠川になり、水が干《ひ》た所が日田、「ここまではくるめエ」といわれた所が久留米、楠の先端が届いた所が長崎、落ちた葉の跡が博多になった。その後、里には陽がさすようになり、夜明《よあけ》、朝日、光岡《てるおか》などの地名が生まれた。伐り倒された楠の伐り株が今の伐株山であるという。

2　一族の菩提寺・東光山運行寺

運行寺中興の住職廣恵

義母小幡八千代の実家である東光山運行寺は真宗大谷派に属しており、創建は寛永元（一六二四）年、開基は祐玄とされている。寺の伝承によれば、玖珠町四日市や九重町松木の小幡家をはじめ、戦国期に

運行寺

行動を共にした小幡一党の人々の菩提寺として創建されたという。だが後述するように、江戸時代末期に火事に遭ったため、寺に史料が残されていないのが残念である。

運行寺に関する史料としては、明治三十四（一九〇二）年に住職の廣恵が死んだとき、その子行学が廣恵の業績を記した碑文がある。その碑は最近まで寺の裏山の墓地に建っていたが、平成十四年春、玖珠町役場が工業団地造成に着手するとき、他の歴代住職らの墓と共に境内に下ろされた。原文は漢文であるが、それを読み下してみると次のとおりである。

釈廣恵《こうけい》之墓碑

釈廣恵師考日。霊運《りょううん》は山田廣妙寺《こうみょうじ》の出なり。妃《つま》は松木の御幡《おばた》氏。師は天保七（一八三六）年運行寺において生まる。十三歳で父を亡くし、安政六（一八五九）年第十五世住職を襲《つ》ぐ。是より先、文政十二（一八二九）年二月二日の夜、火を失して、堂宇悉《ことごと》く焼く。後に庫裏《くり》を建て、仮に五尊師を安んじるも、深く之を慨《がい》す。広く浄財を募りて、本堂を再建す。慶応元（一八六五）年一月四日なり。師は拮据《きっきょ》して財を蓄え、田三段歩を購じて、寺田となし、以て其の修繕費に充つ。実に当山の中興ならんや。明治三十三（一九〇〇）年五月、命により、豊後第七副組長となる。同三十四年八月二十六日、病寂《びょうじゃく》す。享年六十六。初めて嘉永元（一八四八）年、芳蓮寺宗振の長女を娶《めと》り、四男五女を挙ぐ。長男行学、職を襲ぐ。

時に小幡範蔵氏は旦那《だんな》となりて姻戚なり。師の講堂宇修理の法等において、大いに有力を与え、後に寺跡をして、内陣《ないじん》の地に列せしむ。一言を附して、以て表す。

十六世　行学　自刻

【参考】五尊師＝浄土真宗の寺では本堂に、御本尊である阿弥陀如来像一軀の他、宗祖親鸞上人、蓮如上人、七高僧及び聖徳太子の各画像を奉安する。／概す＝なげく。うれえる（『広辞苑』）。／拮据＝忙しく働くこと。骨折ること。転じて、生活が苦しいこと（同前）。／芳蓮寺＝玖珠郡玖珠町平川にある浄土真宗本願寺派の寺。宗振は芳蓮寺の当時の住職。／内陣＝寺の格付けの一つ。真宗大谷派においては、本山、五カ寺、巡讃、国巡讃、別格由緒地、準由緒地、一等別助音地、二等別助音地、別助音地、助音地、院家、内陣、余間、飛檐、平僧の順。

霊運は廣恵の父で運行寺第十四世住職であり、その後住職は廣恵、行学へ、そして第十七世現住の廣行へと代々実の親子間で受け継がれている。なお霊雲の墓は、平成十四年に廣恵の墓石と一緒に運行寺境内に下ろされており、そこには次のとおり記されている。

第十四世釈霊雲　嘉永二（一八四九）己酉天十月三日往　天保五（一八三四）甲午季仲夏　山田廣

妙寺次男也

「釈廣恵之墓碑」では霊運とあるが、本人の墓では霊雲と記されている。同一人物であり、いずれの表記も用いたようである。なお廣妙寺とは、玖珠郡玖珠町大字山田にある真宗大谷派の寺である。本文中に「霊運は山田廣妙寺の出なり。妃は松木の御幡氏」とあることからすれば、霊運の先代には跡取りの子がいなかったのであろう、いわゆる「取り子取り嫁」である。嫁は血筋の繋がった松木の小幡家から迎えている。名はマチという。父は松木庄屋の小幡弥兵衛利縄《としつぐ》であり、母はハタという。

以下、「釈廣恵之墓碑」の記述を見ると、廣恵は天保七（一八三六）年に運行寺に生まれたが、十三歳のとき、すなわち嘉永二（一八四九）年十月三日、父を亡くし、安政六（一八五九）年二十四歳で十五世住職となった。

ところがこれより前、文政十二（一八二九）年二月二日の夜、失火により本堂も庫裏も焼失した。後に庫裏は再建して御本尊をはじめとする五尊師を仮安置したものの、本堂のないことを嘆かわしく思い、廣恵は広く浄財を募り、焼失より三十六年後の慶応元（一八六五）年一月四日、ようやく本堂を再建した。時に廣恵は三十歳。

また廣恵は、田三反歩を購入して寺田とし、そこから上がる収入をもって寺の修繕費に充てた。そして明治三十四（一九〇一）年八月二十六日、六十六歳で病没した。廣恵の長男行学が第十六世住職を継いでいる。

さらに廣恵の堂宇修理に当たっては、大檀越《だいだんおつ》で四日市小幡本家の小幡範蔵が大いに助力し、またそのお陰で寺の格付けも余間《よま》から内陣に昇格したと特記している。

霊照という住職

平成十四年の春、大分県立図書館を訪ねた際、運行寺に関する資料を見つけることができた。明治二十三年（一八九〇）にまとめられた「寺院明細牒」である。大分県が県下の寺院の由緒、住職と法族、境内及び檀家などについて調査し、各郡毎にまとめた寺院の登録簿である。

「寺院明細牒」は、戦時中に宗教団体や寺院を法人とすることを規定した「宗教団体法」に登場する。同法第三十二条には「本法施行の際現に寺院明細帳に登録せらるる寺院は之を本法に依り設立せられたる法人と見」なすと規定されているように、「寺院明細牒（帳）」は本来公的な記録である。なお同法は昭和十五（一九四〇）年四月に施行されたが、同二十年十二月に廃止となった。現行法は「宗教法人法」（昭和二十六年法律第百二十六号）である。

明治二十三年「寺院明細牒」の玖珠郡の中から運行寺の項を見ると次のとおり。

大分県管轄豊後国玖珠郡四日市村　運行寺

真宗東派

一　小倉県管轄豊前国上毛郡挟間村中本寺　明照寺末

寛永元甲子（一六二四）年　開基祐玄。享保十乙巳（一七四五）年　飛檐格。

前住霊照長男安政六己未（一八五九）年十月　第十六世住職　廣　恵

六日、於京都本願寺得度、同日住職。　壬申三十七歳明治二（一八六九）年己巳六月位席返上。
弘化三（一八四六）年丙午三月二十九日於
京都本願寺得度、以後於同寺修学、同寺学寮
寮司受命。小倉県管轄豊前国上毛郡轟村応因寺
教順之次男。嘉永六（一八五三）年癸丑四月十九日入寺
住職。安政六（一八五九）年十月六日退院。

前住隠居　霊　照
同五十八歳
母　マチ　壬申六十歳
妻　トミ　同三十四歳
長女　トワ　同　九歳
次女　ユクノ　同　一歳

以上　僧二人　法族四人
一境内　八畝十二歩　但年貢地高　一石九升二合
一檀家　四十二軒

年齢の上に「壬申《じんしん》」とあるが、これは明治五（一八七二）年に当たっている。前年に戸籍法が制定されて後、全国一律に作られた「壬申戸籍」をもとにしており、年齢も家族構成も明治五年時点で記されている。そのため廣恵の長男行学は、明治七年四月二十三日の生まれであるがここには名がない。また「妻トミ」とあるが、単純に「妻ミト」の転記誤りである。

次に「釈廣恵之墓碑」と「寺院明細牒」を対比してみると、一致しない点が二つある。まず、廣恵は山田廣妙寺から養子に来た霊雲の長男であるはずなのに、「寺院明細牒」では「前住霊照の長男」とされている。母マチは間違いなく廣恵の母であって、「取り子取り嫁」として松木小幡家から迎えた嫁であるが、廣恵の父は霊照と明記されている。マチは霊照より二歳年上である。再婚したのであろうか。またもう一つ、廣恵が安政六（一八五九）年十月六日に住職になっている点では両史料とも同じであるが、「釈廣恵之墓碑」では第十五世であるのに対し、「寺院明細牒」では第十六世になっている。

「釈廣恵之墓碑」にはない霊照《れいしょう》という人物は一体誰なのか。「寺院明細牒」を見つけたとき、一時期は、霊雲と霊照は同一人物ではないかとも考えてみたが、霊雲ならば明治五年の時点では死んでいるはずである。霊雲と霊照は別人のようである。戸籍を確認すれば明らかになると思って玖珠郡玖珠町役場に問い合わせたが、残念ながら廣恵を戸主とする戸籍はなかった。廣恵より一代前の霊雲の戸籍ももちろんない。

さらに霊照は明治五年当時五十八歳で、住職を退いた後も運行寺にいるような記述になっている。しかも「前住隠居」とある。もしかすると運行寺で生涯を終えたのではないか、ならば墓も運行寺にあるのではないか、そんなことも考えてみた。平成十四年春、工業団地造成に先立って歴代住職の墓を境内に移すとき、著者の私も霊照の墓を探してみたが見つからなかった。

そこで一旦、「寺院明細牒」の記述の方を重くみて、再度両史料を付き合わせてみると次のような推測の成り立つことが分かった。

廣恵の父霊雲が死んだとき廣恵はまだ十三歳であり、当然に寺の行事はこなせない。そこで上毛郡《こうげ》轟《とどろ》村の応因寺《おういんじ》から霊照を運行寺に迎えたのである。入寺の日は嘉永六（一八五三）年四月十九日、住職を退いたのは安政六（一八五九）年十月六日のことであり、同日に二十四歳の廣恵が住職となった。霊照が運行寺住職を務めたのは七年間程であるが、住職であったことは間違いないのではなかろうか。しかし、どんな立場で運行寺住職を務めたのかは分からない。

「釈廣恵之墓碑」と「寺院明細牒」と対比したとき、もう一つの疑問点は運行寺における住職の世代の数え方である。

「寺院明細牒」のとおり、廣恵を第十六世、霊照をその前住とすれば、廣恵の子行学は第十七世であり、その子廣行は第十八世でなければならない。ところが現在の運行寺では現住の廣行は第十七世となっている。また明治三十四年に行学が書いた「釈廣恵之墓碑」においても、廣恵を第十五世に位置づけている。霊照は一体どこへ行ってしまったのであろうか。

史料が乏しい現状ではどうしようもない。「寺院明細牒」により、霊照の事績を整理しておきたい。

霊照は、小倉県管轄の豊前国上毛郡轟村にある永誓山応因寺の住職教順の次男として生まれた。寺は現在の住所表示で言えば、福岡県豊前市上川底にあり、運行寺と同じ真宗大谷派に属している。霊照は明治五年に五十八歳であるから、文化十二（一八一五）年の生まれではないかと思う。その後、弘化三（一八四六）年三月二十九日、京都本願寺において得度した。このとき三十二歳である。寺に生まれた子にしては、いささか遅いという気がしないでもない。得度の後、本願寺においてさらに修学し、同寺の学寮寮司を受命した。嘉永六（一八五三）年四月十九日、三十九歳のとき運行寺住職となり、安政六

（一八五九）年十月六日に引退した。このとき四十五歳。しかし、霊照がどのような立場で運行寺住職を務めたのか、正式に入籍したのかどうかも分からない。また運行寺で死んだのかどうかも分からない。

【付記】霊照については、その後応因寺など関係の寺々を訪ねたり、新たに出てきた運行寺史料を調査することができた。その結果は本書の末尾に「追記」として掲げている。なお運行寺史料が出てきた時点で、本稿の全面的な書き換えも考えたが、調査の過程を知ってもらうためにも追記とした。

兵庫県宝塚市の願勝寺

母八千代の話では、運行寺の三代目か四代目かに「廣忠《ひろただ》」とかいう僧がいて、本山での修行を終えて九州へ帰る途中、備前国山本村（現在の兵庫県宝塚市山本）に一宇を建てたという。それから三百年程経った昭和十七、八年頃、その寺の住職から運行寺に手紙が来た。住職はその頃に妻を亡くしたため、寺の後継を託そうとしたのか詳細は分からないが、創建者ゆかりの運行寺を頼ったものらしい。しかし運行寺の住職行学としても為す術《すべ》はなく、そのままになってしまい、また手紙もなくし、寺の名前も分からなくなってしまった。

それからさらに五十年程経った平成三年、これを気にかけていた八千代から頼まれて、私はこの寺探しをすることになった。宝塚市の旧山本村には浄土真宗の寺として、西宗寺と願勝寺《がんしょうじ》がある。西宗寺は創建が永正年間（一五〇四～一二）、明治初期に真宗大谷派から真宗興正派に変わった。創建が運行寺よりも古く、また九州との関係は全くないということであった。

他方、蓮光山願勝寺の創建は寛文十一（一六七一）年で、運行寺より四十六年程後になり、運行寺第三世とほぼ時代が一致する。ところが運行寺と同じなら真宗大谷派のはずであるが、浄土真宗本願寺派に属しており、開山も廣忠ではなく正信《しょうしん》であった。

しかしながら願勝寺の現住職の奥さんにお尋ねしたところによれば、前住職は昭和二十（一九四五）年頃に自殺し、それより前に坊守《ぼうもり》（住職の妻）を亡くしたという。むかし宝塚から運行寺に届いた手紙と対比してみると、坊守の死もまたその時期も一致する。さらに同寺はその後、無住寺となっていたところ、同四十年頃に現住職が寺に入ったという。このことからして、運行寺に届いた手紙の差出人は間違いなく願勝寺の前住職だと思われる。それにしても前住職はどうして運行寺を知っていたのであろうか。何か特別の資料を持っていたのではないかと思う。

そして思いがけなくも最近、運行寺で新しい史料に巡り会った。そこに正信の名を探してみたが、残念ながら見つけることはできなかった。しかし同史料により、母が言う「廣忠」は正しくは運行寺第三世住職の廣恵であることが分かった。廣恵は寛文十一（一六七一）年の頃には青年期にあり、時代も年齢もちょうど一致する。廣恵は末尾の「追記」の章で紹介するとおり、創建して間もない運行寺において、親鸞上人及び蓮如上人の御影を本山から許されたり、また梵鐘を鋳成するなど運行寺の整備に尽した僧である。

ところでその後、私も願勝寺を訪ねることができた。大阪梅田から阪急電鉄宝塚線に乗って山本駅で降りた。山本は長尾山の南麓に位置し、宝塚市の東の端にある。古くから開けた地域で、古墳をはじめ寺院や神社も多く、伝説や民話も豊富な地域である。

山本の西には、真言宗中山派大本山である中山寺《なかやまでら》がある。聖徳太子の創建で観音信仰の発祥地の一つであり、安産の観音様として、また西国三十三カ所の札所として信仰を集めている。このため当地区のほぼ中央を東西に「巡礼街道」が走っている。山本駅のすぐ北側の道であり、これに沿って道標や祠《ほこら》も多く残されている。

願勝寺

また同地域は全国的に見ても有名な植木の産地であり、駅周辺にも園芸業者や関連の施設が目につく。そのむかし豊臣秀吉の家臣であった山本荘司頼泰という人物が、晩年に隠居して山本善太夫と名を改め、好きな園芸に日を過ごすうちに接《つ》ぎ木の方法を発明し、園芸の発展に一大転機をもたらした。その功績により、秀吉から「木接太夫《きつぎだゆう》」の称号を与えられたという。大正元（一九一二）年に建てられた彰徳碑が山本駅のそば、巡礼街道の脇にある。

駅から北側、旧山本村平井の住宅地の中に願勝寺はあった。近づくと鐘楼とイヌマキの大樹が目につく。巡礼街道から北に少しはずれているが、隣の家にあるイヌマキは、高さ三〇メートル、幹周り二・二メートルもあって、宝塚市の保護樹に指定されている。この木も巡礼の道標の一つになっていたのかも知れない。

鐘楼は、近所にあった平居山白山権現寺跡から移築されたものである。権現寺は「摂津名所図会」にも記されているように、中世には伽藍《がらん》の整備された大寺院であったが、戦乱の中で多くの堂宇を焼失し、天正年中（一五七三〜九二）には釈迦堂を残すのみとなっていた。明治期には白山姫神社と改称し、昭和期にはわずかに鐘楼があったが、戦時下における鉄材不足から鐘も供出されてしまった。昭和三十九年、建物は解体されて願勝寺に移され、新たに梵鐘が吊された。

次に、宝塚市立図書館で入手した資料を基に願勝寺の創建を探ってみた。まず宝塚女性ボードＯＧかいどう編『宝塚の歩く史跡公園　巡礼街道』によれば、同寺の沿革はよく分からないものの、創建は寛文十一年（一六七一）年とされている。この他に『宝塚寺院ガイドマップ』などの観光資料でも創建は寛文十一年、開山は正信とされている。かつて電話で願勝寺を探しだしたときと同一内容である。

ところが大国正美「巡礼街道の通る山すその村の歴史」（市史研究紀要『たからづか』所収）によれば、願勝寺の開基は不明であるが、文安年間（一四四四〜四九）に蓮如上人自筆の名号を安置し、慶長年中（一五九六〜一六一五）に本尊を阿弥陀絵像にし、承応二（一六五三）年に木仏を再興したという。さらに蓮如の名号は、文政（一八一八〜三〇）の頃にも現存していたことが、地域の旧家である乾家の文書に記されているという。文安年間といえば、室町時代の中期であり、蓮如が二十九歳から三十四歳頃のことになる。蓮如は二十歳頃から、本願寺第七世である父存如《ぞんにょ》の伝道活動を助け、祐筆《ゆうひつ》として浄土真宗の聖教を書写して門信徒に与えたという。だから文安の頃に蓮如自筆の名号があってもおかしくはない。しかしそうなれば、願勝寺の創建は運行寺よりもはるかに古く、運行寺の三世か四世が願勝寺を創建するということはあり得ないことになる。

住職に伺うと、前住職は昭和二十年頃に亡くなり、一人いた男子も後を継ぐことはなく寺を出、現住職が昭和四十一年六月に入寺するまで寺は無住寺で、荒れ放題であったという。入寺のとき檀家は十七軒。その後五軒増え、今では信徒は約六百五十軒になった。また開山は正信という僧で寛文十一年と聞いているが、長い寺の歴史の中で、留守番僧のような僧がいても住職が定着することはなかった。そのため寺に史料は残っていないという。

運行寺ゆかりの寺は願勝寺に間違いないと思うのだが、裏付ける史料がない。そこでまた勝手に想像をめぐらしてみた。開山とされる正信なる僧は、文安の頃の開山ではなかったか、そして廣恵は寛文（一六六一～七三）の頃、本山から九州への帰途に巡礼街道を通りかかったとき、荒廃していた願勝寺に立ち寄り再興したのではないか。つまり廣恵は願勝寺を創建したのではなく再興したのではなかろうか。これはあくまでも私の勝手な推測である。

運行寺は後述するとおり、文政十二（一八二九）年二月二日、火災によって、本堂も庫裏も旧記旧録も焼失してしまった。当時の住職が焼け残った資料を基に再調整したのが、先に紹介した運行寺史料である。この上運行寺で新たな史料が見つかるとは思われない。今後、前出の乾家など旧家の記録の中にもっと詳しい願勝寺の史料が見つからぬものかと期待している。

3　四日市の小幡本家

昭和四十年刊行の玖珠郡史編集委員会編『玖珠郡史』には、次のとおり断片的ながら小幡家の先祖の名前が出てくるので紹介しておきたい。しかし、これが一体どのような資料に基づくものかは分からない。

小幡家（北山田四日市）　小幡氏は維新前までは御幡とも書いており、宇佐神宮と関係のあった旧家の由。大友屋形公のとき御幡左馬太郎左衛門尉正次という者が、湯布院に領地を有していたという。正次の没後九郎兵衛尉正利が天文年間、母とともに玖珠郡町田に居住することになり、さらに天文二十年、町田村からその倅伝内利正らと四日市邑に転居、天正十八年八幡の古後殿より四日市庄屋を仰せ付けられたという。この庄屋はもちろん日田代官の管轄下にあったが、例の百姓一揆とも関係があった由。平川水路はこの庄屋時代に造られたものである。

戦国時代に玖珠地方が、大友屋形公すなわち大友宗麟の支配下にあった頃、御幡左馬《さま》太郎《たろう》左衛門尉《さえもんのじょう》正次という者がいて、湯布院に領地をもっていた。正次の没後、天文年間（一五三二～五五）になって九郎兵衛尉正利は、母とともに玖珠郡町田に移り住み、さらに天文二十（一五五一）年には子の伝内利正らを連れて四日市に転居した。そして天正十八（一五九〇）年、八幡の古後《こご》殿から四日市の庄屋を仰せつけられたという。これが四日市小幡家の始まりである。その後庄屋の子の中に読み書きに大変興味ある者が出てきたのであろう、僧侶となって一族の菩提寺として運行寺を建てて分家したと思われる。

実は小幡本家にも詳しい文書などは残っておらず、限られた資料をもとに系譜を整理してみると、四日市に転居した伝内利正の後、覚右衛門利信、清左衛門利房、喜右衛門利継、久右衛門利秀、仁右衛門利春、常右衛門、仙左衛門、常右衛門、七郎右衛門利安、仙左衛門、七郎右衛門、與市、そして明治になってからは範蔵、美利、正利そして現在の正治氏へと継がれ、今では材木商を営んでいる。

なお『玖珠郡史』からの引用文に「小幡氏は維新前までは御幡とも書い」たとあるが、運行寺の裏山に祀られているガラン様のお堂にも「御幡」と表記されている。

建立　御幡常右衛門
足立市三郎
後藤貞七
石工　小田平
延享五戊辰（一七四八）六月　日

お堂の裏面には「明治二（一八六九）年己巳九月　御幡與市」の名前もある。江戸期においても「小幡」と「御幡」が混用された時期があるようであるが、お堂に彫られた名前からすれば、明治二年頃にはまだ「御幡」も用いられていたようである。

「御幡」が使われなくなった理由が何であったか、それについて小幡一族に言い伝えられたものはない。そこで私なりに次のように推測してみた。

「御幡」と書けば「みはた」ともよむ。いわゆる「錦の御旗《みはた》」が、明治維新直前の動乱期、朝敵を討伐する官軍の標章として全国津々浦々に知れ渡ったとき、天皇の御印《みしるし》を意味する「御旗」に間違えられることを畏れ多いことと考えたのではあるまいか。明治三年に明治新政府は、四民平等の国是の下に、全ての国民に苗字を名乗ることを許しているが、このとき「小幡」の表記に固定したのではないかと思われる。同年に政府は徴兵令を公布しているが、兵役対象者を把握する必要もあって、明治八年には国民全てに苗字を義務づけるに至っている。

また小幡家では、遠い先祖は宇佐神宮に関係する役職であったと伝えられてきた。しかし今ではどのように関わっていたのか分からない。実は宇佐神宮から西方に一キロ半程離れた所に御幡《おばた》という地名がある。妻と一緒に一度訪ねたことがあるが、緩やかな丘陵地であった。古来から畑作に適した土地ではなかったかと思われる。現在の行政区で言えば宇佐市大字北宇佐字御幡、戸数は約七十戸。もしかすると小幡家のはるか遠い先祖はこの辺りの出ではなかったかと思う。なお宇佐神宮に近い中津地方にも小幡姓が多い。小吉も親交があった小幡篤次郎は、中津出身の福沢諭吉の勧めで江戸に出て慶応義塾の塾長を務めるなど諭吉を補佐した教育家・思想家である。また日本歯科医療の開祖とも称される小幡英之助もいる。多分、中津の小幡家も宇佐神宮との関係があると思うが、確かめたわけではない。

ところでガラン様については、盆に運行寺を訪ねたところ、裏山からお寺の前の庭に下ろされていた。石造りの仏様で二体ある。毎年八月十四日夜の盆踊りには、村人がガラン様二体を村中の広場にお迎えし、初盆を迎えた位牌及び戦没者の位牌と共にその前で盆踊りを踊り、終わると再びガラン様のお堂に返しに行く。また同月十七日には、公民館にガラン様を迎えてガラン様まつりが行われ、読経と直会《なおらい》がある。「ガラン」とは伽藍すなわち寺院の建物のことである。本来は梵語で僧が住んで仏道の修行をする場所をいう（『広辞苑』）。中世の頃、玖珠地方には山岳宗教の寺院が百六十余もあったといわれており（内恵克彦「豊後の国玖珠路の石造物」〔『西南地域史研究』第五輯所収〕）、ガラン様もその一つ長福寺という寺の跡であるらしい（河野康彦「四日市集落の歴史と伝承」、『玖珠郡史談』第四十二号所収）。

　また明治三十七（一九〇四）年春刊行の『大分県社寺名勝図録』を見ると、四日市の「村社天満社境内之図」には、天満社をはじめとして栄正寺及び東光寺と共に茅葺《かやぶ》きの運行寺が描かれている。本堂も庫裏も茅葺きである。その裏山にはガラン様の位置に二基の祠が描かれ、側には「観音堂」と明記されている。図上で見ると、運行寺境内から祠まで小さな坂道で結ばれている。祠と運行寺とはもともと一体のものではなかったかと思われる。その後、ガラン様を確認したところ、一つは十一面観音座像、もう一つは薬師如来座像であった。

ガラン様

運行寺の図（『大分県社寺名勝図録』より）

先に引用した『玖珠郡史』の中に「平川水路」の記述があるが、稲作を中心とする我が国の農業にあっては水の確保が死活問題であり、当時の庄屋は自分で資金を出して、水路を開削したり、溜池を築いたりして、新たな水田拡大に努めてきた。水路のことを井路《いろ》ともいう。四日市の庄屋小幡範蔵も井路の開削に努めている。大分県農政部耕地課編『大分県土地改良史』から引用する。

小幡範蔵（滝ノ原井路・旧水路・地堂溜池復旧・排水工事等）

温厚篤実な性質で、公平慈恵の心に富み、多年公職にあって、よく地方制度の主旨を認識して平素事務に精励し、万事実行に当っては堅忍持久をもってその目的を遂行し、難事であっても果断、円満に処理し、公利公益をはかり民力の増進に努めた。村民は敬慕し部下吏員はよく心服した。又郡会議員、県会議員等に推挙されるなどと、名声は高く、その功労顕著な中で農業土木事業に関係あるものを挙げれば、慶応三（一八六七）年八月玖珠郡北山田村小野屯外一人とはかり滝ノ原井路開さく事業を計画し、宝永三（一七〇六）年三月七日玖珠郡八幡村大字綾垣から北山田村大字四日市に通ずる用水井路は範蔵の祖先が初めて開さくをし、永い年月を経て工事が不完全なため用水供給の用をなさず、毎年旱害《かんがい》を蒙った。範蔵はこれを憂い、この井路の改修工事を起こし井路の路線を変更し隧道《ずいどう》を貫き完全に通水できた。然るに本工事は現在のような器械がなかったので肉眼で勾配を測るため非常に事業は困難であったが、ついにその目的を達し、かんがい面積三・八ヘクタールを得て関係者を救済した。この工事費二百六十円五十銭を全部自分が負担した。

玖珠郡北山田村大字四日市字六反田の田七十アールは、古くから地堂田溜池よりかんがいしていたが、長い間に老朽化して用水不足があり、大部分が荒地で辛じて耕作を続けていたが、年々旱害が甚だしく、範蔵は復旧工事を施す必要を説き、関係者である同村田中浅太郎外三名にはかり明治三十八年四月、工事に着手し溜池は完全となった。この工事費五十七円九十銭内二十円八十銭を範蔵が出した。

玖珠郡北山田村大字四日市字十ノ釣字後迫の溜池は堤防が粗悪で、年々土砂が流れ込み遂に用水不足が生じ、旱害を受けていたが、範蔵は自分の金で復旧工事を行った。工事費五十六円である。三十六年から三十八年の三ケ年間、北山田村大字四日市その他合計一・六ヘクタールの排水工事を行ったが、これがモデルとなって同村における排水工事は年を追って増えた。これらの外各種の事業に対する功績はまだかなりあるがここでは省略する。

範蔵の跡を継いだのが美利であり、松木の小幡家からの養子である。村中《なか》の四日市公民館の前に、美利の業績を記した石碑がある。昭和三十六年四月、園田勇を建設委員長として建立された。表の「小幡美利翁之頌徳碑」の文字は時の内閣総理大臣岸信介である。碑文は次のとおり。

小幡美利翁は、明治十六（一八八三）年一月二十一日、玖珠郡九重町松木素封家小幡龍吉氏の長男に生まれ、同四十年十月、玖珠町四日市小幡範蔵氏の養嗣子として入籍す。性極めて純正潔白、衆に施すこと特に篤く、明晰なる識見と人格とは、青年時代既に認められ、衆望の帰する処、幾多の公職に推さる。すなわち村会議員、郡会議員副議長、県会議員、玖珠郡農会長、県農業会理事、産業組合長、森林組合郡部会長等々、地方自治に、社会文化向上に、実業界に、県農業産業開発に、尽瘁《じんすい》せられたる業績は枚挙に暇なく、殊に県会議員、郡農会長在職中は長年にわたり、本郡産業発展に意を注ぎ、産米の改良に、畜産の振興に、また郡下産業組合の指導開発に貢献せられたり。産米改良にありては、郡農会を機軸として関係諸団体をよく統括し、一躍玖珠米の声価を高からしめたるは世人の最もよく知れるところなり。

翁はまた麻生観八翁と相携へて、国鉄久大線の敷設《ふせつ》促進に努め、郷土産業文化の高揚に貢献せられたる。広く五万郡民の敬慕の焦点たる所以なり。また翁は養蚕業普及功労者として、かつて宮中紅葉山養蚕所拝観の光栄に浴したるは、周知のとおりなり。

実業界にありては、蒲江水力電気株式会社社長をはじめ、玖珠運送株式会社、森水力電気株式会社、玖珠銀行などの重役に就任、政界に財界に実業界にいよいよ重きを加へ、郡勢の振興と地方自治の進展に寄与せられたる功績は真に偉大であり、郡民のひとしく敬慕するところなりしも、昭和二十年より病魔の冒すところとはなり、すべての公職を捨て、只管《ひたすら》静養の身とはなりぬ。しかれども晴耕雨読の傍ら病弱の身をも顧みず、社会指導にあるいは農家の経営指導に広く温情を垂れたるは、世人の最もよく知れるところなり。昭和三十年一月、病状いよいよ革《あらたま》り、一月三十日、七十三歳を一期についに他界せられたるは、惜しみても余りあり。すべてを公に抛《なげう》ったる翁の生涯こそ誠に尊き極みなり。今こそ見はるかせん霊峰九重の気高き姿のその如く、幾千代変わらぬ玖珠川の清き流れのその如く、翁の勲《いさお》こそ千古不滅、燦《さん》として玖珠の天地に輝く。翁逝《ゆ》きて七星霜、維時《これとき》昭和三十五年十月より共感の人々相謀り、翁の偉大なる功績を永く後世に語り伝へ、後人の範とし、徳育教化に資せんとして、昭和三十六年四月、翁の頌徳碑を建立したるものなり。

美利の後は再び松木小幡家から迎えている。正利である。正利には、清、利博、正治という三人の男子がおり、本家は三男の正治氏が継ぎ、家業の「マルハタ木材」を経営している。

今、手許に渋沢隆一編『都道府県別資産家地主総覧　大分県編』所収の「大分県五十町歩以上の大地主」の名簿がある。大正十三（一九二四）年、大分県における大地主の名簿である。

（解題）　本資料は農商務省編「五十町歩以上ノ大地主」（大正十三年）、農林水産省構造改善局蔵本の大分県部分の翻刻である。調査項目は、氏名、職業、住所、所有耕地反別（田・畑・計）、自作反別、耕地ノ主ナル所在郡名及町村数、小作人ノ戸数、となっている。収録人員は十七名である。

そのうち小幡美利については次のとおりである。所有耕地反別の合計は五十二町にのぼり、大分県下の個人では上から十六番目である。

小幡美利　　農業　　玖珠郡北山田　　所有耕地反別　田四十九・二町　畑二・八町

合計五十二町　その内自作反別〇・九町

耕地の主なる所在郡名及び町村数　　玖珠郡五町

小作人の戸数　二百七戸

4　東飯田松木の小幡家

前出の『玖珠郡史』は、松木の小幡家について次のとおり述べている。

小幡家（東飯田）　同家の遠祖は宇佐朝臣《あそん》御幡左近太夫光明（四位官）と伝えられる。安永五（一七七六）年、四日市庄屋十一代目七郎右衛門利安が松木村（邑《むら》）庄屋を兼務することになり、天明二（一七八二）年に四日市庄屋を長子に継がせて自ら松木に転居した。その後久右衛門利房、弥兵衛利《とし》縄《つぐ》と承けその子の時（嘉永三〔一八五〇〕年）書曲《かいまげ》村を松木村より分けて松木村庄屋を仁一郎《にいちろう》利忠に、書曲村庄屋を運平利直に継がせた。利縄の頃瑞巌寺のトンネルが掘られ、山手を通っていた道も現在の道筋に改められた。利忠は慶応二（一八六六）年現在の松栄井路（氾尻～十五駄）の前身滝水井路、並びに大畑井路（松木宝円寺裏を通る。作られた当時は大加瀬井路と呼んだ）の新設を企図し、明治三（一八七〇）年頃までの長期間を要して完成した。

ここでは松木小幡家の遠祖は御幡左近太夫光明となっている。しかし同じ『玖珠郡史』でありながら、四日市小幡家の祖は前述のとおり御幡左馬太郎左衛門尉正次となっている。両者が同一人物なのか、またどんな関係にあるのか確かめようがない。

四日市小幡家の七郎右衛門利安は、安永五（一七七六）年に松木の庄屋を兼務することになった。天明二（一七八二）年、利安は四日市庄屋を長子に継がせて、自らは松木に移った。利安が松木小幡家の初代ということになる。

七郎右衛門については、芥川龍男・福川一徳編校訂『西国武士団関係史料集　二十八』所収の「十一月二十三日付松野能勝書状」（玖珠郡九重町粟野の古後家文書）に名前が現れる。日田代官所関係の役人と思われる松野能勝が隠居したとき、遠路あいさつに来てくれた庄屋たち三十六名に送った礼状である。宛名の中に小幡七郎右衛門の名前がある。

七郎右衛門の後、松木小幡家は久右衛門利房、弥兵衛利縄へと受け継がれて、庄屋を務めてきた。利縄の後、本家は次男ながら仁一郎利忠が継ぎ、長男の運平利直は別に家を興して分家した。屋号で言えば「舟木《ふなき》」である。さらに明治五（一八七二）年一月二十五日、利忠は隠居して実子小吉が家督を相続した。利忠四十五歳、小吉十八歳。その二年後、同七年八月三日、利忠の養子龍吉が分家した。屋号で言う「脇屋《わきや》」である。実は龍吉は「舟木」を興した運平利直の次男であるが、利忠の養子となって後「脇屋」を興し、その後同十一年六月二十八日、四日市本家の與市の次女ヒロを妻に迎えている。そして本文に述べるとおり、松木の本家に当たる小吉の家は絶え、現在の松木には「舟木」と「脇屋」の二家が残っている。

小吉の屋敷があったといわれている場所は、舟木の隣で県道下恵良九重線を挟んで脇屋の向かいになっている。現在は脇屋の所有地であり、享禄二（一五二九）年の年号が刻まれた自然石の板碑《いたび》がある。享禄年間（一五二八〜三二）といえば戦国乱世の時代である。碑文によれば、当時松木を支配していた松木丹後守正照という豪族が、自分と妻の死後の安穏を願って生前に建てた、いわゆる逆修の板碑である（内恵克彦「豊後の国玖珠路の石造物」〔『西南地域史研究』第五輯所収〕）。現在地より三〇メートル程奥の山際から移されたものらしい。大分県指定の文化財である。またその側には庄屋時代をしのばせる郷《ごう》倉《くら》が一棟残されている。

次に小吉の父利忠のことについて整理しておこう。玖珠郡九重町編『九重町誌』には次のように紹介されている。

小幡仁一郎利忠（文政十〔一八二七〕年七月～明治十九〔一八八六〕年十一月）

松木村の庄屋小幡弥兵衛（利縄）の二男として生まれ、天保十三（一八四二）年、十五歳で日田の咸宜園に入門した。

安政二（一八五五）年、二日市の新貫道の工事が父の弥兵衛を中心に進められた。この時、郡内各村の有志から寄附を募ったが、その寄附名簿の中に二男仁一郎も金四百疋《ぴき》を寄附して名前を連ねている（この遺構は昭和五十四年まで残っていた）。

庄屋を継いだ後、慶応二（一八六六）年、仁一郎が中心となって滝水井路、大賀瀬井路（現松栄井路、大畑《おおばたけ》井路）の開削に着手し、明治二（一八六九）年、一応工事を終わった。しかし漏水や大雨で決壊の個所が生じ、修理に追加投資を必要とするなど、苦労を重ね、今日の松木の美田の基を作り上げた。幕末最後の西国筋郡代窪田治部右衛門は、慶応元年六月から農兵の取り立てを行い、翌二年には天領の村々から十五〜四十歳の者を新たに募集して、制勝組を編成した。この時、小幡仁一郎は麻生元衛門（上旦・下旦両村庄屋）と共に組頭取に任命された。

明治元年六月、日田県調役になり、翌二年には日田県庁の権大属に任ぜられ、日田県会計方頭取となる。当時、日田県知事は松方正義（後に総理大臣）で、仁一郎は義介の名前で勤めていた。

明治三十八（一九〇五）年の秋、水路に関係する人たちによって天満社の境内に石祠（総高二二〇センチ）が建立され。仁一郎を井路開削の恩人として称して、その苦労に対する感謝の祭りが、今でも毎年四月二十五日に行われている。

昭和五十四（一九七九）年、瑞巌寺《ずいがんじ》磨崖仏《まがいぶつ》と足手荒神《あしでこうじん》のほぼ中間にあったトンネルが、道路整備のために取り壊された。このトンネルは安政二（一八五五）年十一月、近郷近在の多くの有志の寄付金によって完成された。トンネルができるまで、山越えを余儀なくされてきた人々にとって、長年の念願であったと思われる。出資者の名は、現地に残された「新貫道御助合」の碑（玖珠郡史談会編『玖珠川歴史散歩』所収）に記されており、「金四百足　宝円寺」、「同四百匹　四日市村」、「同四百匹　書曲村」と並んで「金四百匹起　御幡仁一郎」の名がある。

天領日田は慶応四（一八六八）年一月、最後の西国筋郡代窪田治部右衛門が肥後に逃げた後、森・久留米・福岡・肥後・薩摩五藩の兵が進駐して睨み合いを続けていたが、後に森・岡の両藩に取り締まりが任され他藩は撤退した。閏四月には政府の命令で長崎裁判所の管轄に属することになり、さらに六月には薩摩藩出身の松方助左衛門が知事に任ぜられ、天領日田は日田県と改められた。

なお松方助左衛門とは後の松方正義であり、大蔵卿と大蔵大臣を十年以上にわたって務め、また薩摩派の巨頭として内閣を二度も組織した。特に西南戦争後に起こったインフレーションを収拾するため、政府がとった徹底的な緊縮財政と増税、不換紙幣の整理と正貨の蓄積、日本銀行兌換券の発行などの金融政策はいわゆる「松方財政」として知られており、その後の我が国近代産業発展の金融・財政面の基盤を作っている。しかし他方では急激なデフレーションを引き起こし、米価の急激な下落などにより農村に深刻な不況をもたらす結果となった。

明治二（一八六九）年二月、日田県知事から会計官判事へ提出された職員名簿には、県知事以下総勢十八名の氏名と職名、俸給、出身地が報告されている。その中に次のとおり利忠が小幡義介の名前で記されている（廣瀬恒太編著『日田御役所から日田県へ』）。

一、知県事　但月給金五百両宛相渡候事　元薩藩　松方助左衛門
一、判県事　但月給金百五十両宛相渡候事　元薩藩徴士　白浜勘兵衛
　　同　同　元久留米藩徴士　与子田平三郎
一、判県事試補　但月給金五拾両宛相渡候事　元薩藩雇士　堀切源吾
一、租税方頭取　但月給金弐拾両宛相渡候事　元豊後国日田郡
陣屋廻村庄屋隠居　千原佐吉

同　同　　　　　　　　　　　　元筑前怡土郡加布里村庄屋　藤田九六郎

一、庶務方頭取　但月給金弐拾両宛相渡候事　　元豊後国豆田町年寄　三松省三

同　同　　　　　　　　　　　　豆田町年寄　中村少介

一、会計方頭取　但月給金弐拾両宛相渡候事　　豊後国玖珠郡松木村庄屋　小幡義介

（以下略）

会計方頭取の利忠にも月給二十両が給付されているが、県知事松方助左衛門の月給は何と五百両、判県事白浜勘兵衛も元薩摩藩士で月給は百五十両である。

日田県庁の幹部は薩摩藩出身者が占めているが、職員十八名のうち地元からは十三名が雇用されており、租税方頭取に日田陣屋廻村庄屋隠居の千原佐吉、庶務方頭取には豆田町年寄の三松省三がいる。頭取の月給はいずれも利忠と同じ二十両。頭取の下にいる租税方、庶務方、会計方も全員地元の庄屋であり、月給は五両。

当時の日田では、大工の日当が三十五匁《もんめ》から六十匁、米一俵が三両位の相場であったというから、月給二十両とは米俵《こめだわら》で六、七俵相当になる。それにしても県知事の月額五百両は百六十俵余に当たり、大変な高額である（前掲『日田御役所から日田県へ』）。

さらに水路の開削に功績のあった利忠は、九重町松木にある天満社の境内に祀《まつ》られている。同天満社は川上地区の背後の山つきにあって、境内に上るには山の斜面にジグザグに造られた、細くて急な坂道を上っていくしかない。

この川上天満社については、宝八幡宮の甲斐素純宮司による調査があり、平成三年三月十一日から三回にわたって、「大分合同新聞」〝豊国の神々〟のシリーズに連載されたことがある。以下の記述は同記事を参考にさせていただいた。

社殿に向かって、鳥居の右柱には「東風吹萬古」、左柱には「正氣在梅花」と大書されている。天満社とは、天神様すなわち菅原道真を祀った社であり、左右の柱の文字は飛梅の故事にちなんだものである。柱の背後の銘文からすれば、安政四（一八五七）年、御幡弥兵衛利継（縄）や仁一郎利忠らが願主となって建立した鳥居である。鳥居をくぐると石造りの社殿四基が並んでいる。向かって左から東照宮、天満宮、小幡利忠、そして右端には日田代官池田岩之丞が祀られている。東照宮すなわち徳川家康と日田代官池田岩之丞の社殿は、文久二（一八六二）年四月、同時に建立されている。同代官は、当地域が大凶作のとき幕府にかけあって年貢の減免に尽力したためここに祀られている。

川上天満社。小幡利忠の社殿

利忠の社殿は明治三十八（一九〇五）年秋、地元の井路組合が建立している。現在でも毎年四月の二十五日前後には、川上及び川下地区の人々によって利忠に対する感謝の祭典が執り行われている。なお川上天満社はもとは現在地の背後にある上ノ原台地に祀られていたが、昭和六（一九三一）年頃に現在地に下ろされたという。既に七十年以上は経っている。

ところで平成十六年四月二十四日、川上天満社の祭礼の日、私たち夫婦は初めて神事に参加させていただいた。松木の村中の公民館に着くと、川上と川下の集落から二十人程が集まっていた。午前十時、お供え物の酒や注連縄《しめなわ》などを手にして天満社に向かった。例のジグザグの斜面を上って境内に着くと、用意した注連縄でもって、四基並んだ社殿はもとより鳥居や天満宮特有の牛の石像を飾り、また社殿の扉を開いて灯明が灯された。

準備がすむと、宝八幡宮の甲斐宮司によって厳かに神事が進められ、お祓いや祝詞《のりと》奏上、そして参列者全員によって玉串が捧げられた。イリコを肴《さかな》に湯飲み茶碗で御神酒《おみき》をいただき、そのあと再び公民館に戻って直会《なおらい》である。今回が初めての出席であるが、来年もぜひ出席したいものだと思った。ご案内して下さった小幡憲一氏及び快く我々を迎えて下さった村の方々に心からお礼を申し上げたい。

九重町松木にある小幡家の墓地には、利忠と妻マサヲの夫婦墓がある。表には「釈信慧」と「釈貞倫」の法名が並び、右側面には「明治十九年十一月二十八日亡　行年五十九歳　小幡小吉父　利忠」、左側面には「明治十八年九月三十日亡　行年五十歳　小幡利忠妻　マサヲ」とある。

この二人が小吉の両親かと言うとそうではない。小吉の除籍謄本によれば、小吉の父はもちろん利忠であるが、母の名はセキとなっている。実はセキは利忠の前妻であって、マサヲは後妻である。利縄、利忠、小吉と続く一族の没年や法名は同墓地に建てられた「順教小幡君之墓」の側面の碑文で知ることができる。しかしここにも後妻のマサヲの名はあるがセキの名はない。セキは死別したのではなく、小吉を生んで後離縁されたようであるが、その経緯などについては分からない。なお、マサヲは日田の真宗大谷派の寺・長善寺の生まれである。

5　小吉家の没落

母の話によれば、小吉の父利忠の家は大変な資産家であったらしい。「筑後川が逆流することがあっても倒れることはない」といわれたという。ちなみに「筑後川が逆流しても」という言葉は、日田・玖珠地方では資産家を形容するときの常套句《じょうとうく》であって特別の意味はない。しかしこのような大資産家も小吉の代になると決して資産家ではない。明治三十一（一八九八）年三月調査の末綱文雄編「大分県長者鑑」（渋谷隆一編『資産家地主総覧 大分県編』所収）によれば、玖珠郡一の高額納税者は万年村の武石橋次の八百八十五円であり、二番目は四日市の小幡範蔵の三百五十九円である。これに対して小吉の納税額は十七円。この落差は一体どうしたのであろうか。そもそも小吉の家がどれほどの資産家であったか、またどうして財産を失ったかも全く分からなかった。

ところが衛藤庵著『党人郷記』の「玖珠郡の巻」に次のような記述を見つけることができた。

小幡家は代々郡内の井路に関係してきた歴史を持って居り、小吉の親父義助の如きは幕末のころ、村内の右田井路が、日田の代官御用金貸千原藤一郎から二万両の工事費を借りたその保証で身上を潰したといはれてゐるほどだが（下略）

右田井路とは、玖珠川の支流野上川から取水し、九重町右田地区の田畑約百町歩を灌漑する水路で、総延長は約一四キロに及んでいる。

前掲『党人郷記』によれば、右田井路は幕末の頃既に着工されて、維新後は日田県知事松方正義の斡旋で開削が進められた。しかし工事は難航し、特に川の氾濫に備える護岸工事は、工事の中途で度々洪水に洗い流されるなど困難を極めた。出資する庄屋のうち、工事資金の借り入れの責任から破産する者が相次いでいる。

どうやら小吉の家も父利忠の代に、右田井路に関係して身代を傾けてしまったようである。明治維新の前、日田の掛屋・千原藤一郎から借りた工事費の保証で倒れたらしい。井路開削の工事費は庄屋が日田商人から借りることもあり、また世話人となって村に借り入れさせたりすることもあったらしく、その場合は庄屋が保証人的な立場に立ったようである。

なお小幡家に伝わる話によれば、小吉は家督を継いだ後長い間、長崎の裁判所で大きな係争事件をもっていたという。この訴訟事件が井路開削事業費借入の保証責任を争ったものであったかどうかは分からない。

九重町の麻生家も右田井路の開削に関わって家産を傾けた。しかし日田で酒造業を営む草野丈衛門家から養子となった観八が銘酒「八鹿《やつしか》」を産み、徹底した現金販売主義で業績を伸ばした。八鹿酒造である。ちなみに「八鹿」とは、観八の名から一字、そして一緒に酒造りをした杜氏《とうじ》の中摩鹿太郎の名から一字を取って付けたという。

観八は祖父以来の念願であった右田井路を完成させ、明治三十七（一九〇四）年には大改修を終えている（『九重町誌』）。右田井路は谷を渡るためにアーチ型の水路橋を設けるなど、巨額の投資がなされており、特に九重町野上の「右田井路通水橋」はよく知られている。もちろん今でも現役の水路である。なお麻生観八は、北部九州を横断する鉄道久大線の開通をはじめ、教育施設、通信・金融機関の整備など地域開発にも大きく貢献し、死の翌年、昭和四（一九二九）年には恵良駅そばの松岡公園に銅像が建てられた。以後、毎年五月には遺徳をしのぶ祭典が行われている。

玖珠地方における小幡一族の章を終わるに当たって、利縄・利忠及び小吉を中心に据えて松木小幡家、四日市本家及び運行寺など小幡一族の系譜を整理してみると、次ページのとおりである。利縄の次男利忠が家督を継ぎ、長男利直は分家「舟木」を起こした。また三人の娘の嫁ぎ先をみると、長女マチは運行寺へ、次女セイは四日市本家へ、三女シンは四日市の栄正寺へ嫁いでいる。玖珠郡玖珠町四日市という狭い地域に、三姉妹が隣り合わせに住んでいたことになる。なお、本系譜の作成に際しては、松木誠氏作成の「小幡家系図」（昭和五十三年一月調べ）を参照した。

小幡家系譜（小幡小吉を中心に）

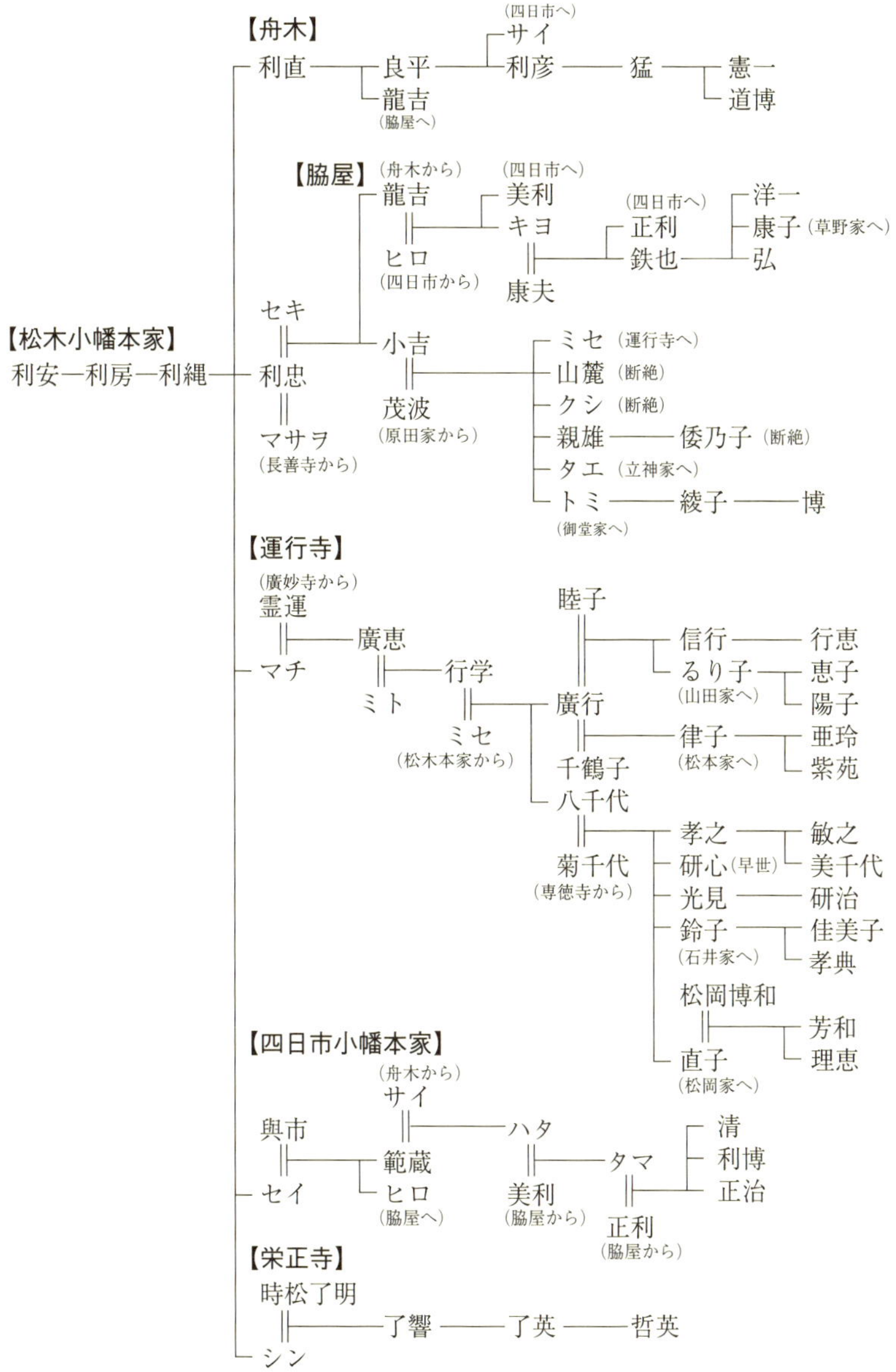

第二章　松木小幡家と咸宜園

1　小吉一族の墓標となった「順教小幡君之墓」

平成十四年一月の末、母八千代の希望もあって、松木にある小幡家の墓にお参りすることにした。妻にとっては実に久方ぶりの祖母の郷里であったし、また私にとっては初めてのことである。

正午過ぎ松木の小幡憲一氏宅を訪ねると、当主憲一氏と奥さん、そして当主のお母さんから迎えていただいた。母八千代は当主のお母さんとは当然ながら懇意の仲であり、別府の浜脇にあった山麓の別荘のことなどしばしの昔話に喜んだ。その後、小雨の中、憲一氏のご案内で小幡家の先祖の墓地を訪ねた。屋敷裏の農道を歩いて杉林の中に入り、わずかに坂道を上ると墓地があった。松木の小幡本家はもちろん、分家した舟木と脇屋の墓もここにある。

その墓地の中には、一間余の真四角な基礎の上に二段の切石が重ねられ、その上に三段、さらにその上に高さ約四尺、方一尺半程の直方体の石塔が建っている。決して大きな石碑ではないが、碑の正面上部には「丸に剣州浜」の家紋が彫られ、題字には「順教小幡君之墓」とあり、塔の側面と裏面にはびっ

「順教小幡君之墓」

しりと碑文が刻されている。「丸に剣州浜」の家紋が四日市小幡家や運行寺の家紋と同じであることは言うまでもない。

雨の中、碑は苔むして読みづらく、しかも漢文で書かれている。何とか文字をたどっていくと、そのむかし松木某が村の長であった頃、村人の信頼を失い村が騒然としていたが、天明（一七八一～八九）の頃に松木小幡家の祖が玖珠町四日市から、松木・書曲二村の長としてこの地に移り住んだこと、さらに文化年中（一八〇四～一八）に弥平衛利縄《としつぐ》がその後を受け継ぎ、次第に人心を掌握していったことが書かれているようだ。利縄は安政五（一八五八）年十二月十二日死去。享年六十七。「順教」と号し、子は二男五女。長子の運平利直は別に家を興し、次子の仁一郎利忠が家を継いだという。

前掲の「小幡家系譜」に見るとおり、利縄は松木小幡家の庄屋としては利安、利房に次いで三代目にあたり、利縄の後を利忠、さらにその後を小吉が継いでいる。この墓碑は本家の利忠が建立したものである。

しかし、「順教小幡君之墓」の台座部分には小吉家の人々の名前が刻まれている。裏面に次のとおり記されていることからすれば、小吉の三女タエが一族の名前を書き加えたものと思われる。

昭和十九年二月十九日　墓増築
広島県沼隈郡西村　小吉三女　立神タエ　五十二歳

「墓増築」と記されているが、台座を継ぎ足すなどの大きな改修を行ったようには見えない。既存の台座に名前を刻んだだけではないかと思う。正面には太い字で「噫善男女《ああぜんなんじょ》」とある。残る三面には弥兵衛の妻ハタに始まり、利忠の妻マサヲ、弥兵衛の次男利忠、利忠の長男小吉、親雄の長女倭乃子、小吉の次男親雄、小吉の長男山麓、小吉の妻モハの順に、それぞれ法名、俗名、続柄、行年、没年月日が記されている。記名の順番は死亡した順になっている。いずれも松木の小幡小吉家の人々である。

台座が造られた昭和十九（一九四四）年当時、小吉の子で生存しているのは、運行寺に嫁いだ長女ミセ、運行寺に身を寄せる次女クシ、三女タエ、豊後中村の開業医に嫁いだ四女トミである。それより前、昭和十六年には小吉の次男親雄が死に、その一人っ子倭乃子も嫁ぐことなく二十三歳で病没した。さらに同十八年には長男の山麓が死去した。遂に松木本家における男子の系統が絶えることを確認したタエは、利縄の碑に一族の名を刻むことを思い立ったのではなかろうか。正面の「噫善男女」の文字を見ながら手を合わせたとき、突然フッと気が付いた。この碑は元々は利縄の墓でありまた顕彰の碑でもあったが、一族の死没者の名を入れることによって、「利縄に始まる小幡小吉家一族の墓標」に変わったのである。

タエは若い頃、岡山県の女子師範学校に学び、その後郷里で教師をしていたが、縁あって広島県の開業医に嫁いだ。しかし血を分けた子はなく、それだけに郷里である松木への断ちがたい思いもあって、何か形あるものを残そうとしたのではあるまいか。

現在、手許に六十九歳のときのタエの写真がある。自分で作った動物のぬいぐるみと一緒に写っている。とても手先の器用な人であった。児童福祉にも関心ある人であったから、ぬいぐるみはそのような場で大いに役立ったことと思う。

しかし、小吉の血を引き継ぐ者が絶えてしまったわけではない。小吉の長女ミセの血を引く八千代、弟の運行寺住職廣行、さらに小吉の五女トミの子御堂《みどう》綾子は、間違いなく小吉の直系である。特に八千代と廣行の系統は小幡の姓を承継する「小幡一族」である。

2　碑文の撰者廣瀬範

ところで碑文の撰者については、かの有名な日田の咸宜園の漢学者だと聞いていた。名前だけでも確かめたいと思い、石碑の周りを回って碑文の末尾を見ると、「安政六年己未二月上浣《じょうかん》　廣瀬範撰」とある。その日の夕刻自宅に帰って、手近にあった向野康江訳編『現代語訳　淡窓詩話』を開いてみた。「廣瀬範《ひろせはん》」とは、廣瀬淡窓の養子となって後、咸宜園の塾務を執った廣瀬青邨《せいそん》という学者であった。

廣瀬青邨像（草野富吉編『咸宜園写真帖』より）

廣瀬青邨は、文政二（一八一九）年八月十五日、豊前国下毛郡真坂村土田、現在の下毛郡本耶馬渓村に住む矢野徳四郎の子

咸宜園跡

として生まれた。幼名は卯三郎といい、十六歳のとき淡窓の私塾咸宜園に入門、天保十（一八三九）年二月、二十一歳の若さで都講に選ばれた。都講とは咸宜園において門下生に対する指導及び教授を補佐する者をいう。通称は範治、名は範、字は世叔、号は青邨と称した。

咸宜園の塾務を淡窓から引き継いだ後、二十年近くにわたって塾を主宰し、淡窓の甥林外《りんがい》に伝えている。その後は日田を離れ、明治十七（一八八四）年二月三日、東京において六十六歳で死去した。墓は東京の多摩墓地にあり、碑文は三条実美の撰、筆は咸宜園出身の長三洲。また日田の長生園にも分葬されており、諡《おくりな》すなわち死後に贈られた称号は「文通先生」である。「日田の四廣」あるいは「廣瀬の四先生」という言葉があるが、淡窓と林外、そして林外の父旭荘《きよくそう》と共に青邨を加えた四儒をいう。

ところで先に、青邨にとって師でもありまた養父でもある廣瀬淡窓を紹介しておこう。淡窓は、江戸時代後期の儒者・詩人・教育家であり、漢学私塾咸宜園の創設者であり、経営者でもある。「三奪《さんだつ》の法」といって、入門のときに年齢、身分、学歴を奪い、優劣を入塾後の成績に委ねるという、徹底した実力主義の教育方針で知られている。成績表を「月旦評《げったんひょう》」と言い、日常の学習活動と月例試験によって月末に成績を評価し、その合計点により昇級

・降級を行った。入門時には無級に格付けされ、級は一級から九級まであり、九級が最上位であった。このように成績順位を公表する方法は、近代になって我が国の多くの中高等教育機関において模倣されている。

全国から多くの入門者が集まったが、淡窓は時の日田西国筋郡代の塩谷大四郎《しおのやだいしろう》（在任一八一四～三五）による塾経営への干渉に悩まされることになる。

文政六（一八二三）年、四十二歳の淡窓は、末弟の旭荘《きょくそう》を後継者として、塾の運営一切を委譲した。ところが塩谷郡代は、咸宜園を公的な塾として日田代官の支配下に置こうとしたらしく、若い旭荘の後見者になって塾の運営に介入しようとしてきた。旭荘も塩谷郡代とはうまくいかず、翌年に上坂して堺に塾を開いたため、淡窓が再び塾務を執らざるを得なくなった。

塩谷大四郎という人物は、文化十三（一八一六）年閏八月、日田代官に任命されて赴任し、文政四年五月には西国筋郡代に昇格している。その後、天保六（一八三五）年八月、幕府に召還されて江戸に帰るまで、日田在任は足掛け十九年間に及んでいる。その間に隈川・中城川の改修、水路の開削、新田開発、日田－玖珠間の道路改修など多くの土木事業を行っている。

この他にも、災害に備えて米を備蓄する「陰徳倉」を建てたり、寄付金を集めて田畑を買いその収益を盲人養育に当てるなど、多くの業績を上げている。しかし郡代は、事業の計画・指導・命令はするけれど資金は出さず、必要な資金はみな廣瀬久兵衛や草野忠右衛門などの日田商人や富農に負担させている。その結果、事業に伴う民間の出費が嵩《かさ》み、また年貢の割合も江戸時代を通じて最も高くなるなど、領民の負担は一段と大きくなっている。

塩谷郡代も天保六（一八三五）年八月、幕府に召還されて日田を離れることになる。江戸に帰って間もなく病没しているが、土木事業をはじめ「陰徳倉」や盲人養育などの功績は日田の人々に高く評価され、後に嘉永元（一八四八）年、日田の有志の手によって慈眼山《じげんざん》山上に「故府尹《ふいん》塩谷君之碑」が建てられた。撰文は淡窓である。

平成十四年八月の末、初めて慈眼山を訪ねたとき、石碑の前で十数名が車座になり酒宴を開いていた。聞けば塩谷郡代による水路開削や新田開発の功績に対し、村人が感謝の神事を行った直後だという。酒宴は直会《なおらい》であった。百数十年経った今でも、地域の人々は郡代の功績を忘れていない。

「故府尹塩谷君之碑」

淡窓は、旭荘の長男で神童と称された林外に咸宜園を継がせようとしたが、林外が若年であったため、弘化元（一八四四）年、淡窓六十三歳のとき、門弟の中から矢野範治すなわち青邨を選んで養子とし、門下生に対する指導及び教授を補佐させることにした。このとき合原善三郎の娘サクと妻《めあわ》せた。善三郎は淡窓の妻の兄。これ以後、青邨は廣瀬の姓を名乗ることになる。

安政二（一八五五）年三月十六日、淡窓は塾務を青邨に譲り、翌年十一月一日、七十五歳で死去した。そして青邨は文久二（一八六二）

年、林外が二十七歳になったとき、塾務を林外に譲って、自らは府内藩（現在の大分市）の藩校遊焉館《ゆうえんかん》の監督となった。青邨が咸宜園の主宰を務めたのは、弘化元年から文久二年までの約十八年間である。咸宜園は近世最大の漢学私塾であったと言っていい。入門者名簿によれば、入門者は豊前・豊後・筑前・筑後・長門など九州・山口地方に集中してはいるものの、全国六十六カ国に及び、四千六百十八名に上っている。特に嘉永年間（一八四八～五四）が最も多く、二百名を超えている。

ところで、明治以降における青邨の事跡について、日田市教育委員会発行の『日田の先哲』などによりまとめておきたいと思う。

明治元（一八六八）年　日田で討幕の動きが起こったとき、日田代官窪田治部右衛門に対し天下の情勢を説いて、勤王派との無用な抗戦を止めさせ、日田を去ることを勧めた。

明治二（一八六九）年　京都に移り、翌三年京都府典事となる。当時の京都府大参事は咸宜園出身の松田道之。

明治八（一八七五）年　岩手県の権参事となる。咸宜園の出身で岩手県令となっていた島惟精の推挙による。島とは青邨が府内藩の藩校にいた頃、共に学職を務めた仲。東京に移り、修史局修史官となる。東京府知事は松田道之。後に修史局が廃され、牛込の神楽町に塾を開いた。塾の名は「東宜園」、言うまでもなく「東の咸宜園」の意味である。

明治十（一八七七）年　東京に華族学校が設立されるとき創立に関与して、開校された学習院の教授

・監事となる。明治天皇に『論語』を進講する。当時、三条実美や西園寺公望と交流があり、三条実美の庭園にある茶室「雨後軒」は青邨の命名。宮内省文学御用係となった頃、病む。病気療養のため山梨県に転地。
明治十五（一八八二）年　甲府で療養しながら、山梨県立師範学校徽典館《きてんかん》（現在の山梨大学）の校長に迎えられる。

明治十七（一八八四）年　二月三日、東京で死去。六十六歳。多摩墓地にある墓石には「廣瀬青邨墓碑」とある。碑文は三条実美撰、筆は咸宜園出身の長三洲。なお墓碑は初め青山墓地にあったが、区画整理のために現在地に移された。また日田市中城町の長生園にも分葬されている。


咸宜園は、明治四（一八七一）年に林外が洋学研究のため東上したことにより閉塾となった。しかしその後も、唐川即定、村上姑南らによって再興が図られた。青邨の長子貞文も、明治十八年二月から同二十一年十一月までの間、咸宜園を再開している。貞文の後も諫山寂村、勝屋明浜らによって再興の努力がなされるが、明治三十年ついに廃塾となった。

青邨の生涯を通してみたとき、その生きるべき道はやはり学者の道であったと思う。恩師淡窓との約束に従って、淡窓の甥林外に塾の経営を譲って後、京都、東京、岩手そして再び東京へ舞い戻り、さらには病気治療のために甲府に転地した。

同時期の咸宜園の出身である島惟精や松田道之が行政官として昇進したとき、その伝手《つて》を頼って行政官になってはみたが長くは続いていない。またようやく就任した修史館という部局も、すぐに廃止になっている。官途の道を断たれ、東京に私塾「東宜園」を開いたものの、十分な活躍の場にはならなかった。六十歳に手が届きそうな青邨は、老いた挫折者が生活のためやむなく塾を開いたなどと思われたくなかったのであろう。咸宜園にならってきちんとした塾の規則を作ったという（日田市教育委員会発行『日田の先哲』）。

生涯において青邨が最も輝いたのは、学者として淡窓の後を継いで咸宜園を主宰していたとき、もう一つは学習院教授の職にあって明治天皇へ『論語』を進講したときではなかったかと思われる。青邨の死後、嫡子貞文は父の願いを叶えるかのように、郷里日田へ帰って咸宜園の再興に尽くしている。しかし既に義務教育が普及し、中高等の教育機関も整備されており、私塾の役割は終わっていたのである。前述のとおり、明治三十年ついに咸宜園は廃塾となった。

平成十四年夏、妻と共に再び松木を訪ね、妻の先祖の墓碑を見上げながら、百五十年余りむかしに一文を認めてくれた青邨という学者に、改めて親近感を覚え、また敬愛の念を抱いたものである。

3　咸宜園に入門した利忠と小吉

松木小幡家の墓地にある「順教小幡君之墓」の碑文は、安政六（一八五九）年二月の撰であるから、碑が建てられたのは、青邨が咸宜園を主宰している最中ということになる。

当時の小幡家の当主は利忠である。前述のとおり利忠も、天保十三（一八四二）年十五歳のとき、淡窓の下に入門しており、その二年後に咸宜園の塾務は青邨に引き継がれている（『九重町誌』）。そのような伝手《つて》があって利忠は、青郁に撰文を依頼したものと思われる。当時の利忠は何歳であったろうか。「順教小幡君之墓」の隣りに小さく、利忠の墓があるが、それには「明治十九（一八八六）年十一月二十八日死　行年五十九歳　小幡小吉の父」とある。これから計算してみると、碑文が作られた安政六年の頃、三十二歳の若さである。また小吉は安政二年九月十日の生まれであるから、このとき五歳。この「順教小幡君之墓」は、松木の小幡本家と咸宜園の関係を示してくれる重要な石碑となっている。

ところでもう一つ、小吉が咸宜園に入門したことを示す資料がある。前出の『玖珠郡史』の「古老の話（その二）」の中に次のような一文がある。

小幡氏の調査では、玖珠地方から咸宜園に学んだ者は百弐十数名に達していたとのことである。因《ちな》みに同家にある咸宜園入門簿の記載例を引用して参考に供しよう。

豊後国玖珠郡松木村
　　小幡仁一郎倅《せがれ》
　　　同助二郎（十二歳）
慶応二（一八六六）丙寅正月十二日
紹介　　英太郎

ここに小幡氏とは、松木小幡家「脇屋」の鉄也氏である。松木の「脇屋」でこの原史料を確認するこ

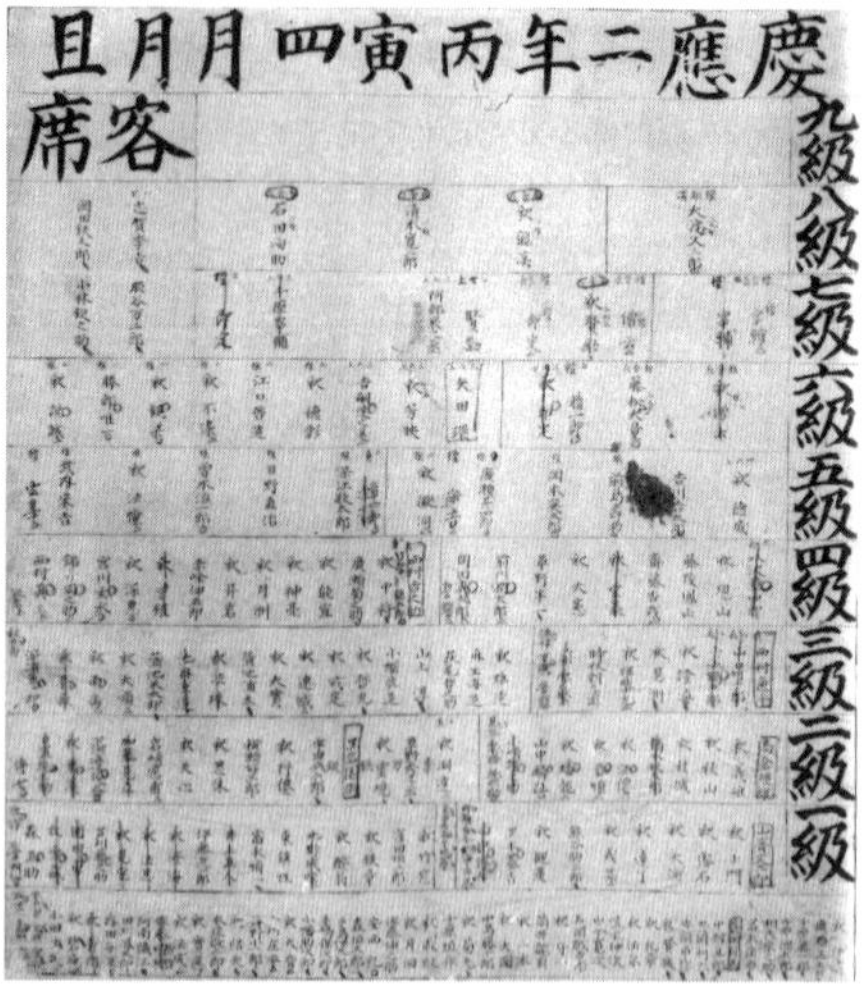

慶応２年の「月旦評」（草野富吉編『廣瀬淡窓先生咸宜園写真帖』より）

とはできなかったが、ここに出てくる助二郎（助次郎）とは小幡仁一郎利忠の子、すなわち小吉である。慶応二（一八六六）年に十二歳の少年小吉が、英太郎という人物の紹介で咸宜園に入門している。実は小吉は次男であるが、兄が早世したため嗣子となっている。だから助二郎という名も不自然ではない。

日田の廣瀬資料館には咸宜園の月旦評が二つ常設展示されている。そのうち「慶応二年丙寅四月」分に、無級の格付けに「小幡助次郎」の名前がある。入塾して間もない頃の小吉であり、咸宜園の主宰は青邨から廣瀬林外に引き継がれていた。廣瀬資料館を訪ねたときには、注意して自分の目で確かめていただきたい。

最後に青邨作の七言絶句を掲げておきたい（日田市教育委員会編『廣瀬淡窓生誕二百年記念展』より）。晩秋の九重高原に遊んだときの詩であり、写真資料の字も青邨の筆である。

（原文）

枯草夾逕白深々　数戸蕭然倚嶽陰
怪見低烟濛不散　温泉一脈迸渓心

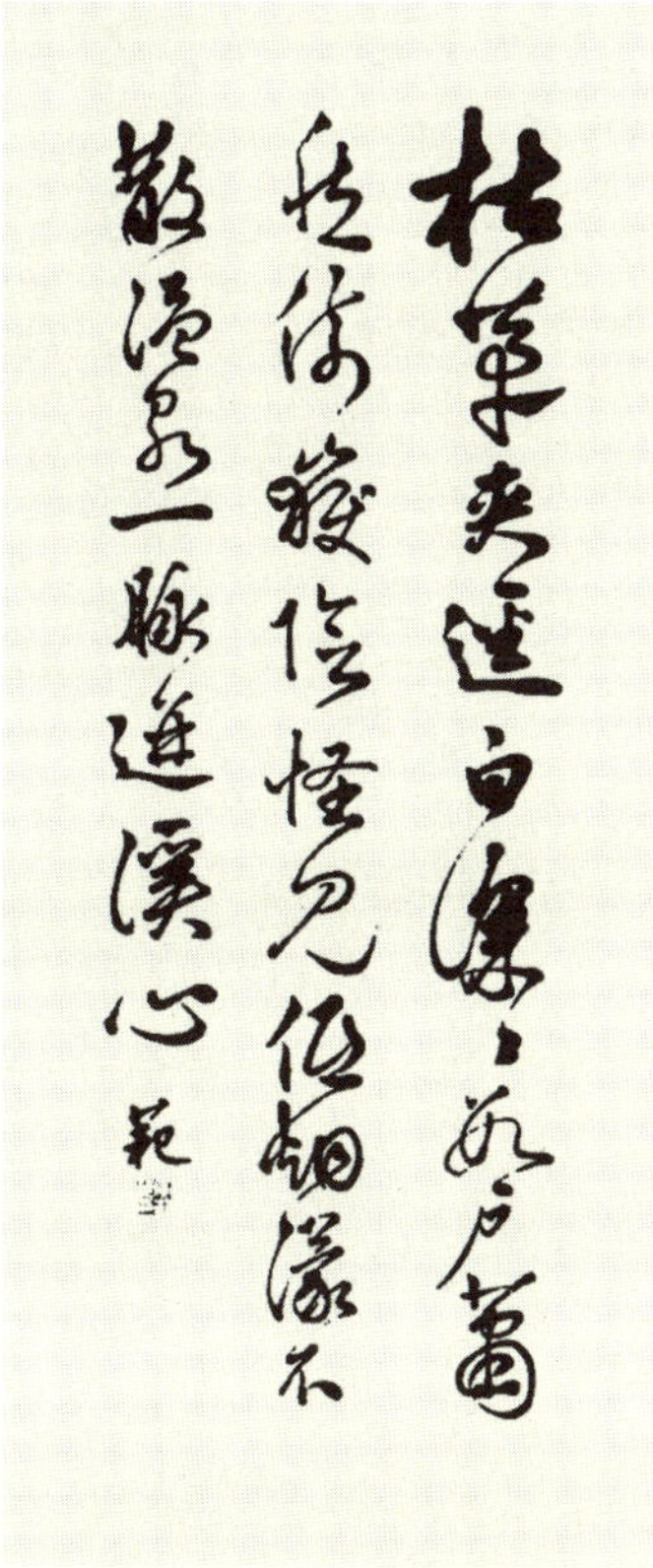

青邨書「枯草夾逕白深々」
（日田市教育委員会編『廣瀬淡窓生誕二百年記念展』より）

（読み下し文）
枯草逕《みち》をはさみて白深々　数戸蕭然《しょうぜん》として嶽陰《がくいん》による
怪しみ見る、低烟《ていいん》、濛《もう》として散ぜざるを　温泉一脈《いちみゃく》、渓心《けいしん》にほとばしる

なお青邨の嫡子廣瀬貞文は、前述のとおり咸宜園の復興に尽力した人物であるが、小吉とは因縁浅からぬものがある。すなわち明治三十一（一八九八）年八月の第六回衆議院議員選挙の際、大分県第四区（玖珠郡、速見郡、日田郡）において小吉と貞文は票を分け合っている。後に詳述することにして、ここでは前掲の『廣瀬淡窓生誕二百年記念展』から、廣瀬貞文《さだぶみ》すなわち濠田《ごうでん》の略歴を引用するにとどめたい。

廣瀬濠田　通称は貞文、号は濠田。嘉永六（一八五三）年青邨の長子に生まれる。幼名は菊之助。

咸宜園に在って漢学を修め、京都府立中学、東京外国語学校、慶応義塾に学ぶ。明治十三（一八八〇）年以後、千葉県、司法省に勤務。明治十八年一月大審院を辞して日田に帰り咸宜園を再興、塾主となる。明治二十一年上京、内務省警保局勤務。明治二十五（一八九二）年大分県第四区より衆議院議員に当選し、回を重ねて六選。明治四十年日田町長に招かれ町政に尽くす。大正三（一九一四）年没。

4 「順教小幡君之墓」から生じる疑問

「順教小幡君之墓」の碑文を読んでいて疑問に思ったことがある。この章を終わるにあたり、その疑問を提起しておきたいと思う。

「順教小幡君之墓」は廣瀬青邨が小幡利忠の依頼によって撰文したものである。利忠の父利縄の墓であると同時に顕彰の碑でもある。原文は漢文であるが、それを読み下してみると冒頭には次のとおり記されている。

君ノ諱《いみな》ハ利縄、姓ハ小幡、弥兵衛ト称ス。父ノ諱ハ利安、祖ノ諱ハ利房、利房ハ豊後四日市ノ人、天明中、官ノ命ハ松木、書曲二村ノ長ト為ス。是ヨリ世々松木ニ住ム。

君の諱は利縄、姓は小幡、弥兵衛と称す。父の名は利安であり、その祖の名は利房である。その利房は、豊後四日市の人であり、天明年間（一七八一～八九）に官命により松木と書曲の二村の長となった。以来、その子孫は代々松木に住むようになったという。

　ところが『玖珠郡史』や『九重町誌』では、四日市から松木に移り住んだのは利安であり、その子が利房、そして利縄、利忠、小吉へと続いている。「順教小幡君之墓」と対比すると利安と利房が入れ替わっている。青邨に碑文を依頼した利忠からすれば、祖父を取り違えたことになるが、そのようなことがあろうとは思えない。「順教小幡君之墓」の方が正しいのではないか、『玖珠郡史』などが誤っているのではないか、利房、利安、利縄、利忠の順に改めるべきではないかと思う。他の文書などによって裏付けたいと思うが、現時点では真偽を判定する史料がないので、本稿では問題を提起するにとどめ、とりあえずは『玖珠郡史』や『九重町誌』の記述に従っておきたいと思う。

利縄と思われる肖像画（小幡家蔵）

　ところで、もう一つ紹介しておきたい。脇屋には玖珠郡出身の画家麻生春所の描いた肖像画が伝えられている。誰の肖像なのか、また何年に描かれたものかは記されていない。手掛かりは春所の署名だけである。まず春所について見ると、文政九（一八二六）年、右田村（現在の玖珠郡九重町右田）の庄屋に生まれ、咸宜園に入門、後に京都の松村呉春の高弟小田海僊について南宗画を学んだ。安政三（一八五六）年、三十歳の頃に一度郷里に帰ったことがある（玖珠郡九重町編『九重町誌』上巻）。

春所の生没年からすれば、描かれたのは同時代の利縄か子の利忠のいずれかであろうと思う。いろいろ推測の仕方はあろうが、春所が三十歳で玖珠に一度帰郷したときに描いたと仮定して推定してみようと思う。利縄は寛政四（一七九二）年の生まれ、安政五（一八五八）年没で享年六十七、また利忠は文政十（一八二七）年生まれ、明治十九（一八八六）年没で享年五十九であるから、春所が三十歳のときに利縄は六十四歳、利忠は二十九歳ということになる。描かれた人物の年格好からすれば父の利縄ではあるまいか。

思うに、利忠は父利縄の業績を顕彰するため、その一つとして、「順教小幡君之墓」の碑文を廣瀬青邨に依頼し、またもう一つ、利縄の肖像画を麻生春所に描いてもらったのではないかと思う。

第三章　咸宜園後に小吉が学んだ私塾

1　『大分県紳士録』に見る小吉

前述のとおり、小吉は日田の咸宜園に入門したのであるが、その後どこで学んだのかを裏付ける資料がなかった。母や松木小幡家の話では、小吉は慶応義塾の出身であったといい、また玖珠町発行の『玖珠町史』(中巻)にもそのように記述されている。しかし慶応義塾大学の福沢研究センターに調査を依頼したところ、福沢諭吉の門下生を記録した「入社帳」に小幡の姓をもつ者は六名いるが、小吉あるいは助次郎の名前はないことが分かった。なお六名とは、小幡英之助、杏平、懲之進、貞二郎、篤次郎、甚三郎である。後に詳述するとおり、小吉は立憲改進党の党員として政治活動に身を投じるのであるが、同党の結成には福沢をはじめ慶応義塾の関係者が深く関わっている。また大分県が福沢の郷里であるだけに慶応義塾の出身者も多い。このような人々と深い交流のあったことが誤解を生んだのではないかと思う。

資料もなく調査も断念しかけていた頃、二度目の大分県立図書館で小吉を紹介する紳士録に巡り合えた。次にその全文を引用する。

小幡小吉君　玖珠郡野上村住
安政二年九月生

一、君は小幡利忠氏の長男なり。
一、幼年の頃地方の碩儒《せきじゅ》廣瀬林外先生の門に入りて数年間漢学を修め、稍々《しょうしょう》長ずるに及びて中津町白石先生の私塾並に同地私学校に入学せしが、間もなく転じて大分町英語学校に入り専ら英学を攻修す。
一、十八歳の時奮然笈《おい》を負ふて横浜に赴き、高島氏の設立に係れる英語学校に入りて修業すること二ケ年、更に転じて福池氏の設立に係れる東都共慣義塾《きょうかんぎじゅく》に入り廿二歳の時迄専心修行し学大《おおい》に進む。
一、明治十二年、初めて大分県会議員に挙げられ、多年其職に在りて、中嶋固一郎君等と共に同議員中進歩派の牛耳《ぎゅうじ》を執り、県政上種々画策経営の功労決して没す可らざるものあり。廿三年に至りて更に名誉職県参事会員に推薦せられ、進んで益々勉励怠らざりしは、世人の熟知する所なり。
一、明治廿九年、翻然《ほんぜん》身を官海に投じ、台湾総督府属として渡台し、大嵙崁《だいかかん》撫墾所《ぶこんしょ》詰を命ぜられ、後更に基隆《キールン》支庁詰を命ぜられ、執心勤務中病を得て、翌三十年遂に退官帰郷の止む可らざるに至れり。

本資料は明治三十七（一九〇四）年五月五日、大分県下毛郡大幡村の大悟法雄太郎が編集・発行した『大分県紳士録』である。当時小吉は四十九歳、編集者は手紙でもってかあるいは直接に面談して取材したものと思われる。

大分県会議員としての小吉、あるいは台湾へ渡ったことなどについては後に触れるとして、まず小吉が学んだ学校についてみようと思う。咸宜園のあと中津の白石先生の私塾に入り、また大分の英語学校に入っている。その後一念奮起して上京し、横浜の高島英語学校さらには東京の共慣義塾に学んだという。以下この資料に沿って小吉が学んだ学校・塾について紹介してみよう。

2　中津の白石先生の塾

小吉は咸宜園の林外先生の門に入ったという。前述のとおり慶応二（一八六六）年正月、小吉十二歳のときのことである。咸宜園は、文久二（一八六二）年に廣瀬青邨から林外へ塾務が移譲されたが、明治四（一八七一）年十一月、林外が洋学研究のため東上することにより一旦閉塾となった。だから小吉は廣瀬林外の門下ということになる。

小吉は長じて「中津の白石先生の私塾」に入ったという。「中津の白石先生」と言えば、福沢諭吉が学んだ漢学者白石照山である。照山は藩校進脩館《しんしゅうかん》で頭角をあらわし、昌平黌《しょうへいこう》に学んで後、天保十四（一八四三）年、帰藩して私塾晩香堂《ばんこうどう》を開いて子弟を教育した。しかし下級藩士として城門の警備に従事させられることに耐えられず、上役と口論して藩を追放された。このとき臼杵藩主に召し抱えられて、臼杵藩の藩校学古館の教授に登用されている。その後、文久三（一八六三）年、同藩を辞して、四日市郷校教授となり、さらに明治二（一八六九）年には赦されて中津藩に帰り、進脩館教授となって藩校の改革に従事している。しかし同四年の廃藩置県とともに進脩館は廃校となり、以後再び私塾晩香堂を開いている（今永清二編『中津の歴史』）。小吉は同年に咸宜園が一旦閉塾となったとき、照山の私塾に移ったと思われる。十七歳頃のことである。

なお後年、福沢が「国権論」を著したとき、照山は「国権論抜」をまとめ、福沢が単なる欧化主義者ではなく文明開化による国権の確保・伸張すなわち日本の独立を説き、しかもいずれ西洋文明も克服されるべきと強調した点を高く評価している。国権主義という点においては同じ思想を持っていたようである（前掲『中津の歴史』）。

その後、小吉は大分にあった英語学校に入り専ら英学を修めたという。この頃既に海外に目が向いていたようである。だが、明治初期の大分に英語学校といわれるほどの学校があったのであろうか。大分県編『大分県史 近代篇Ⅱ』によれば、中津の旧藩主奥平昌邁《まさゆき》は、明治四年の廃藩置県の後、福沢諭吉らの構想をもとに、中等英語学校として中津市校を設立した。この種の英語学校としては、他には長崎に一校見られるだけの先進的なものであったという。このように大分県下の英語学校は中津が最初であったが、既に学校と呼ばれるものはあった。中津の後に大分にも英語学校が開校されていたのであろう。

3　横浜の高島学校

小吉は十八歳のとき、笈《おい》を背負って奮然として横浜に赴いたという。明治五、六年頃のことである。笈とは書物などを入れて背負う竹製の箱のことであり、「笈を背負って」とは要するに故郷を遠く離れて遊学することをいう。

「高島氏の設立に係れる英語学校」とは、高島嘉右衛門（一八三二～一九一四）が建てた学校である。高島は幕末から明治にかけての実業家であり、「高島易断」で知られる易断家でもある。横浜で建築請負業、材木商、旅館業、回船業などを営み、巨額の富を築いた。英国公使館の建設や横浜－神奈川間の埋め立て（現在の横浜市西区高島）も高島嘉右衛門の事業である。

明治四（一八七一）年に高島学校を創設し、初めは福沢諭吉を迎えようとしたが実現せず、その弟子たちが外国人教師とともに教育に当たっている。同七年に学校が焼失して廃校になっているから、小吉が籍を置いたのは遅くともそのときまでのことである。

高島はその後、実業界から一旦退き、「高島易断」の執筆に取り組むが、再び実業界に戻って北海道炭鉱鉄道や東京市街電気鉄道などの社長を歴任している（朝日新聞社『日本歴史人物事典』）。

4　湯島の共慣義塾

小吉は、さらに転じて東京の共慣義塾《きょうかんぎじゅく》に入り、二十二歳のときまで専心修業して、学問は大いに進んだという。

共慣義塾とは、陸奥南部藩の最後の藩主南部利恭《なんぶとしゆき》（一八五五〜一九〇三）が東京に建てた塾である。まず先に利恭について紹介しておきたい。

陸奥南部藩は、盛岡城（岩手県盛岡市）を居城として、岩手・青森・秋田にまたがる二十万石余を領した外様の大藩であった。しかし戊辰《ぼしん》戦争においては、奥羽越列藩同盟に与《くみ》して官軍に対抗し敗戦した。明治元（一八六八）年十月九日、南部藩は十四歳の利恭を藩主利剛《としひさ》の名代として官軍の総督九条道孝のもとに遣わし、謝罪の嘆願書を提出した。

家名の存続は認められたものの領地は没収され、南部藩の第十六代藩主を相続した利恭は、同元年十二月、旧仙台藩領の白石《しろいし》（現宮城県白石市）十三万石へ転封を命じられた。南部藩では、白石への転封に抵抗して旧領盛岡への復帰嘆願が繰り返された。その結果、明治二年七月に七十万両の献金を条件にして、利恭は盛岡藩知事として復帰を許された。しかし財政難のために藩知事の辞任を申請し、七十万両の献金は免除され、同年七月に盛岡藩は廃止されて盛岡県が設置された。一足早い廃藩置県であり、藩知事の辞任を許された利恭は、八月に東京へ転住した。時に十六歳、学問好きで、安井息軒の門下となっている。

利恭が共慣義塾を設立したのは、東京に転住してからのことであり、初めは京橋三丁目、後に新富町そして本郷湯島へ移転した。湯島天神の下にあったという。前出の『大分県紳士録』と照らし合わせると、小吉が共慣義塾に籍を置いたのは二十一歳から二十二歳まで、すなわち明治八、九年頃のことであり、塾は湯島にあったはずである。

「福地氏の設立」とあるが、塾の設立者は南部利恭であって、福地とは当時教授を勤めていた福地源一郎（一八四一～一九〇六）のことである。明治時代前期の代表的なジャーナリストであった。前掲の『日本歴史人物事典』によれば次のように紹介されている。

号は桜痴《おうち》。長崎に生まれて蘭学を学び、江戸に上って英学を学んで幕府の通弁となる。文久元（一八六一）年と慶応元（一八六五）年には幕府使節の一員として渡欧する。明治元年に「江湖新聞」を発行し、幕府擁護の論調をとったため明治政府に逮捕されるが、木戸孝允の働きによって無罪放免となる。その後明治三（一八七〇）年に大蔵省に入り、岩倉遣外使節団に随行し、同四年十一月から六年九月にかけて米欧各国を廻っている。同七年に「東京日日新聞」に入社して主筆となり、巧みな比喩や達意の文章で多くの論説・社説を書き、活躍した。同九年社長、翌十年の西南戦争では従軍記者となって戦況報道をしている。

小吉が在籍したと思われる明治八、九年頃、福地は「東京日日新聞」の主筆・社長を務めている。共慣義塾の教授も兼ねていたと思われる。その後、東京府会議員、府会議長などを務め、明治十五年には御用政党である立憲帝政党の結成に参加している。また、歌舞伎座の創設や歌舞伎台本「春日局」の執筆でも知られている。

5　小吉と共慣義塾の関わり

小吉が大分県の出身で、しかも中津の白石照山に学んだことを考えれば、慶応義塾に入るのが自然である。小幡一族の間でも、小吉は慶応義塾の出身だといわれてきた。

しかし何故か、元南部藩主が創設した英学の共慣義塾に入っている。どんな関わりがあったのか全く分からない。そこでやむなく、次のとおり勝手に推測をしてみた。

まず創設者南部利恭《としゆき》は、廃藩後に東京に帰ってからは、安井息軒（一七九九〜一八七六）に師事している。息軒は江戸時代後期から明治初期にかけての儒学者であり、日向飫《お》肥《び》藩の生まれである。昌平黌に学び、天保九（一八三八）年、藩主から江戸居住を許された。水戸藩の藤田東湖《とうこ》とも親しく、門人には土佐藩出身の谷干城《たにたてき》らがいる。嘉永六（一八五三）年のペリー来航に際しては「海防私議」を著し、製艦・築堡の必要性を説いた。後に水戸藩主徳川斉昭《なりあき》に認められて、文久二（一八六二）年十二月、昌平黌の儒官となった（『日本歴史人物事典』）。

息軒が飫肥藩出身であることから、すぐに思い付くのが小村寿太郎《じゅたろう》である。飫肥藩は日向の小藩であるが、明治期の日本外交を代表する外交官小村も同藩の出身である。母に聞いた話では、小吉の娘ミセの手許には小村から小吉に宛てた手紙があったと聞いている。小吉と小村寿太郎は同年齢であり、何かの縁で若い頃に知り合い、小吉が共慣義塾に入るに当たって小村が関与したのではあるまいか。

小村寿太郎（一八五五〜一九一一）は明治三年、大学南校（現在の東京大学）で法律を学び、同八年には文部省留学生に選ばれて渡米する。ハーバード大学ロースクールを卒業して、同十三年に帰国。第一次桂太郎内閣の外相として日英同盟の締結を果たし、またポーツマス講和会議の全権として日露戦争を終結に導いたが、戦勝に酔う国民の強い批判を浴びた。さらに第二次桂内閣の外相としては、韓国併合を実施し、また条約改正にも成功して関税自主権を確立した外交官として知られている。

小村は明治八（一八七五）年に留学しているが、小吉も同八、九年頃には湯島の共慣義塾におり、それより前の二年間は横浜の英語学校に籍を置いていたはずである。小吉は共慣義塾に入る前から、何かのきっかけで小村を知っていたのではなかろうか。小村と息軒が同じ飫肥藩の出身であることからすれば、小吉は小村を介して息軒を知ったのではないか、さらに息軒の紹介で共慣義塾に入ったのではないか。裏付ける史料が全くない中で、勝手に推測してみた。

それにしても、小吉がどうして小村寿太郎と知り合ったのかは全く分からない。この点をはっきりさせるためにも小村の手紙を探し出したいものである。

実は、若い日の小村には不遇な時代が長く続いている。吉村昭著『ポーツマスの旗』はポーツマス条約締結の過程を描いた小説であるが、その中から関係の部分を要約しておきたい。

明治四年の廃藩置県後、父が旧藩士から出資を集めて旧藩の物産を販売する会社を創立した。初めは順調にいき同六年には社長になったが、同社が地域の物産を独占することに対する批判が強くなった。やむなく共同経営に改めてから行き詰まり、ついに会社を解散した。父は家運の挽回のため木材業に手を出すが、失敗して多額の負債を抱えてしまい、その返済は全て寿太郎にふりかかった。苦し紛れに高利貸しから融通してもらったものだから、利息がふくれあがり莫大な借金になった。以後借金の取り立てに悩まされ、家財は売り払い、衣類は質に入れ、借金返済の期日が近づくと知人・友人の家を泊まり歩いたという。

明治二十五年に翻訳局長に昇進しても、借家の家賃が滞って追い立てられ、廃屋同様の小さな借家に移り住み、破れ目をつくろったフロックコートを着て外務省に出勤した。見かねた友人たちは、飫肥藩の旧藩主からの拠出金や親しい有力者から無利息で借金して資金を調達し、債権者全員に現金を示して借金の大幅な割り引きを迫った。債権者はこれ以上取り立てる見込みがないことを知っており、全員がしぶしぶ同意した。しかし小村はその後も俸給の三分の二を有力者からの借金返済にあてなければならなかった。

その後小村は、陸奥宗光から才能を認められ、前述のとおり外交官として日本の国際的な地位向上に大きな功績を残している。

ところで南部藩は、明治維新のとき奥羽越列藩同盟に属していたために、賊軍の汚名をきせられている。そのような逆境の中から、政友会総裁で内閣総理大臣になった原　敬《たかし》（一八五六～一九二一）や新渡戸《にと べ》稲造《いなぞう》（一八六二～一九三三）を輩出している。しかもいずれも共慣義塾の出身であり、原は明治四（一八七一）年当時に在籍し、新渡戸は明治五年に在籍している。また他藩の出ではあるが、犬養毅《いぬかいつよし》（一八五五～一九三二）は備中国（岡山県の一部）から上京して、明治八年に共慣義塾に入り、翌年慶応義塾に転学している。さらに後藤新平（一八五七～一九二九）や後述の斎藤　実《まこと》（一八五八～一九三六）は陸奥水沢藩の出身ではあるが、どちらも同義塾に籍を置いている。同義塾は他にも大槻文彦、那珂通世、田中館愛橘、菊池武夫、佐藤昌介、高平小五郎などの人材を輩出している（細井計編著『南部と奥州道中』）。なお日本の速記術の発明者・田鎖綱紀《たくさりこうき》（一八五四～一九三八）も同義塾の出身である。

6　海軍兵学校の受験

昭和八（一九三三）年に刊行された衛藤庵『党人郷記』によれば、小吉は後に内閣総理大臣となる斎藤実と一緒に海軍兵学校を受験したが、小吉は失敗し斎藤は合格したという。初めて知る内容である。なお斎藤は、陸奥水沢藩士の子として安政五（一八五八）年に生まれているから、小吉よりも三歳年少である。前述のとおり同じ共慣義塾の出身であり、在籍の時期も小吉とほぼ重なっている。

まず海軍兵学校の沿革を見ると、明治新政府は西洋式の近代的海軍を創建するため、明治二（一八六九）年九月、東京築地に海軍操練所を創設し、諸藩進貢の修学生を集めて海軍士官として教育することにした。同三年十一月、海軍操練所は海軍兵学寮に改められ、同六年十一月には第一期生二名、翌年十一月には二期生十七名を送り出した。海軍兵学校と改称されたのは、明治九年八月のことである。斎藤は同十二年卒業の第六期生、このとき二十二歳。

斎藤は胆沢《いさわ》県庁で給仕をしていたが、県庁の役人に目を掛けられて水沢藩東京出張所勤務を命じられて上京した。このとき共慣義塾に籍を置いている。陸軍幼年学校を受験したが失敗し、海軍兵学寮予科を受験して合格した。もし小吉が一緒に海軍兵学校を受験したとするならば、明治八、九年頃、ちょうど共慣義塾にいたときであろうと思うが、小吉の海軍兵学校受験は確認することができなかった。

なお斎藤はその後、海軍大臣、朝鮮総督を務め、昭和七（一九三二）年の五・一五事件で犬養毅首相が倒れた後、内閣総理大臣となり、軍部、貴族院、官僚勢力、政党から閣僚を選ぶという、いわゆる挙国一致内閣を初めて組織した。在任中に日本は満州国を承認し、また国際連盟を脱退した。昭和十年、斎藤は内大臣に就任した翌年、二・二六事件のとき「現状維持派」の中心人物とみなされて殺害された。

ちなみに海軍兵学校の江田島移転は、明治十九年五月に鎮守府が広島県呉に設置されたことにともなって本決まりとなり、新校舎への移転は同二十一年八月一日のことである。

第四章　小吉の妻茂波

1　茂波の両親と実家

小幡小吉の妻は茂波《もは》という。文久二（一八六二）年十月三日、現在の熊本県阿蘇郡小国町《おぐに》に生まれた。父は原田諫吉《かんきち》、母はシナという。小吉の戸籍を見ると、茂波が入籍したのは明治十三（一八八〇）年十一月十七日、年は十九歳。父の諫吉は小国町の中心地宮原《みやのはる》で旅館業を営んでいた。屋号は「隈府屋《わいふや》」という。

阿蘇郡小国町は、日田と阿蘇を結ぶ国道212号線が町内を南北に走り、福岡県の八女・黒木地方と大分県竹田市を結ぶ442号線が東西に走って交差している。また小国から玖珠・宇佐方面に向かう387号線の分岐点でもある。今も交通の要衝であるが、明治の頃も東西南北から人々が行き交う町であった。投資の対象を求める地元の資産家にとって、旅人や湯治《とうじ》の客を相手にする旅館業は恰好の事業であったろうと思われる。「隈府屋」を創業したのも自然な成り行きであった。

一方、母のシナは事業の才覚を持った人であったらしく、旅館経営のかたわら杖立川《つえたて》の上流で水車を使った精米業を営んでいた。それも単なる精米だけでなく、小国地方とその近隣の農家から米を買い付けて精米し、それを山を越えて隣県の大分県中津江村にある鯛生《たいお》金山に納入していた。

鯛生金山では明治三十一（一八九八）年から小規模ながら本格的な採掘が始められ、大正七（一九一八）年からは当時最新鋭の設備が導入されて、大がかりな採掘が開始された。大正十三年には産出量は一トンを超えるに至った。金山の周辺には病院や小学校、配給所などが整備され、一つの町が形成されていた。全盛期は昭和八（一九三三）年から同十三年頃であり、従業員数約三千人、産出量は年に二・三トンを記録した（昭和十三年）。国内第一位である。しかし戦時中は閉山状態になり、戦後操業が再開されたものの、有望な鉱脈を発見することができず、昭和四十七年に閉山した。現在、金山の遺構は一部が地底博物館鯛生金山として保存され、一般に公開されている。

シナが米を納めていたのは、シナの年齢からして本格的な採掘が始まる前のことと思われる。「隈府屋」原田家に伝わる話であるが、シナが米の買い付けのために農家を回り始めると、その情報が伝わって地域の米の値が上がったという。

諫吉とシナの間には、九男三女合わせて十二人の子供がいる。当時としても大変な子沢山である。男の子は家を継ぐ長男を除くと、あとはみな養子となって他家を継いでいる。女の子もみな近隣の庄屋など富裕な家に嫁いでいる。

ところで、茂波の実家である「隈府屋」がその後どうなったのか、また子孫の人々は今どうしているのか、気になるところである。諫吉の後は、茂波の長兄に当たる市次郎が家督を相続し、さらに虎吉に受け継がれた。しかしその長男実《みのる》は、昭和十六年十二月の日米開戦後間もなく徴兵され、同十九年ビルマで戦死した。実の出征のとき「隈府屋」は廃業した。

その後、実の長男一雄は若くして病死し、次男の省二氏と三男の健三氏が原田コンクリート及び原田興産を起こし、生コンやコンクリート二次製品の製造・販売及び建設業を営むとともに、ガソリンスタンドやゴルフショップ、さらには小国町の中心部においてスーパーマーケット「スギボーの店・ゆめおぐに」を開くなどの事業を展開してきた。十年程前、健三氏が死去し、現在では省二氏が原田家一族の本家を守っている。

特に「スギボーの店・ゆめおぐに」は地域の人々の集まる中心的な商業施設であり、阿蘇や九重でキャンプする人々にとっては、食料調達のベースとしても知られている。近年、隣接地に新館が増設され、屋上には駐車場の他にイベントホールが設けられている。省二氏によれば、「スギボー」とは小国の特産である杉と希望を合成して名付けたという。

スギボーの店・ゆめおぐに

また小国町北里の山川温泉には和風の宿「小杉庵」がある。約三千坪の敷地内には北里川が流れ、宿は桜、楓、欅など四季折々の木々に囲まれている。さらに最近では石臼挽きそばと豆腐のレストラン「夢・天空の地」が宮原に開業されている。

2　茂波の兄北里忠三郎

平成十四年、茂波について調査を始めたとき、「隈府屋」原田家の一族である原田計介氏を探し当てた。そして同氏のご紹介によって、諫吉とシナの四男忠三郎の孫に当たる北里忠義氏ご夫妻を訪ねることができた。忠義氏は計介氏からすれば叔父に当たる。また忠義氏からは原田家一族の当主原田省二氏をご紹介いただいた。

本章「小吉の妻茂波」の記述は、小国町杖立在住の忠義氏が所蔵する北里家系譜とご夫妻からの聞き取りをもとにしながら、その後の省二氏の聞き取りによって補足したものである。北里忠義氏ご夫妻と原田計介氏ご夫妻、さらには原田省二氏にお礼を申し上げたい。

系譜の中から茂波の両親と兄たちに関する記述を引用すると次のとおり。

原田諫吉　諫右衛門の長男
文政十（一八二七）年一月三日生まれ
妻シナ　松崎文衛の妹　天保元（一八三〇）年七月八日生まれ

長男　市次郎
嘉永二（一八四九）年五月六日生まれ
大正四（一九一五）年二月十三日没　享年六十七歳

四男　忠三郎
　安政三（一八五六）年三月三日生まれ
　大正十四（一九二五）年五月六日没　享年七十歳
　北里唯義の養子となる　唯義の長女タクを妻とする
長女　茂波
　文久二（一八六二）年十月三日生まれ
　玖珠北山田　小幡利忠実子小吉に嫁す

北里忠義氏の祖父忠三郎は、「隈府屋」原田家の四男に生まれたが、阿蘇郡小国町北里の北里唯義家の養子となり、その娘タクを妻とした。当時の北里家は、庄屋を務めながら「仲新家《なかしんや》」という屋号の旅館を経営していた。「仲新屋」の北里唯義という人は、幕末の頃、小国地方に百姓一揆が起こったとき、一揆の代表者と交渉して一揆を治めさせたことがある。この功績により熊本藩主細川家から短刀一振りを頂戴したという。

娘のタクは一揆が起こったときはまだ子供であって、近所のもう一つの庄屋北里家の子柴三郎と一緒に墓場に逃げて身を隠したという。この柴三郎が、後に破傷風の免疫体を発見し血清療法という新しい治療分野を確立した医学者北里柴三郎である。柴三郎は後年、両親を東京へ呼び寄せているが、「仲新屋」の跡取りとなった忠三郎も上京のときには必ず柴三郎の家を訪ねたという。柴三郎の家とタクの家は同じ北里の村中にあって苗字も同じ、しかも共に庄屋であるが、忠義氏の知る限りでは姻戚関係はないという。

その後、忠三郎とタクは「仲新屋」から分家して、一旦宮原に居を構えることになったが、さらに宮原の屋敷を売り払って、小国町杖立に旅館「丸北屋《まるきたや》」を新たに開業した。旅館の経営は順調で、杖立温泉の旅館街でも一、二を競うほどの繁盛ぶりであったらしい。その後、経営は長女の千代に受け継がれたが、昭和十（一九三五）年頃に閉鎖した。千代の子忠義氏は上海に渡り、日本大使館の官房に勤務した。その後太平洋戦争は激しくなり、戦争も末期になって五十日間の東京出張を命じられた。東京滞在中の昭和二十年八月に終戦となり、遂に上海には帰らずじまいになったという。大使館勤務は八年余りであった。戦後、郷里の小国に帰ってサチ子さんと結婚し、北里電業を起こして現在に至っている。今年八十六歳。実は、サチ子さんも忠三郎の孫に当たり、子供の頃は仲新家で育てられた。お二人はいとこ同士である。

茂波の話から少しばかりそれてしまったが、茂波は小国町宮原にあった「隈府屋」原田家の長女であり、杖立の「丸北屋」の創業者となった北里忠三郎の妹である。大変手先の器用な人であって、端布《はぎれ》を縫い合わせて丹前などを拵《こしら》えるのが得意であった。今でいうパッチワークである。「丸北屋」にも茂波の作った丹前が数着あったという。

次に、「仲新屋」に住んでいたサチ子さんが茂波に逢ったときの思い出話を紹介しておきたい。

当時、サチ子さんは小国の女学校に通っていたが、北里一族の本家に当たる「仲新屋」には茂波の妹八重が嫁いでいたこともあって、当時、茂波が玖珠郡九重からよく遊びに来ていたという。サチ子さんが女学生の頃のことであるから、茂波は当時七十歳位のはずである。

またサチ子さんが通う女学校には、「隈府屋」から松岡家に養子に行った末治の娘が教師として勤めていた。その教師から見れば茂波は叔母に当たり、いつも「茂波おばさん」と呼んでいた。サチ子さんは茂波に頼まれて、パッチワークをその教師に届けたこともあるという。

このとき、横で話を聞いていた忠義氏が、「茂波さんがなぜ玖珠に嫁いだのか、疑問に思っていた」と言われたのが印象に残っている。

玖珠郡九重町は大分県であるが、阿蘇郡小国町は熊本県である。県を異にするが、両町は九州山地の中央にあって隣接した町である。むかしは険しい山越えではあったろうが、古来、往来は頻繁にあった。サチ子さんのお話によれば、北里の言葉は宮原よりもむしろ玖珠の方言に近いという。玖珠地方との親戚関係をもつ家は多かったようである。特に現在では、小国と玖珠の間には国道387号線が走っており、距離にして約三〇キロ位であろうか。未整備の部分もあるが、車を利用すれば一時間もかからない。徒歩かせいぜい馬車くらいしかない明治の人々にとっては、片道一日の行程ということになる。

しかしそれにしても、忠義氏が指摘されるとおり、どうして小国町の原田家と玖珠郡九重町の小幡家の間に縁が結ばれたのか、どのような接点があったのであろうか。


（平成十四年四月三十日）

3　小国両神社

平成十四年春、初めて原田計介氏宅をお訪ねしたとき、庭には枝垂《しだ》れ桜の大樹が満開の花をつけていた。二階の屋根よりも高く、周囲を圧倒するほどの存在感がある。伺うところによれば、樹を痛めないため、枝垂れの先々まで決して傷つけないよう細心の注意を払っているという。桜はとくに傷に弱く、枝先の傷がもとで太い枝全体がだめになり、切り落とさねばならないこともあるらしい。

同家のすぐ側には小国両神社《おぐにりょうじんじゃ》があり、神社の前を筑後川の上流に当たる静川《しずかがわ》が流れている。城郭を想わせる石垣と楼門が、神社の歴史の古さと地域の人々の尊崇の厚さを物語っている。戦前までは熊本県の県社に指定されていたらしい。本殿に参拝しながら、今から百二十数年前の明治十三（一八八〇）年十一月、茂波が玖珠に嫁ぐ日、この神社にもきっと参拝したに違いないなどと考えてみた。神仏の加護を信じる人々が、これまでの成長を見守ってくれた氏神様に婚姻の報告をするのは極めて自然である。農山村に限らず、むかしはどこの村でも町でも見受けられた光景であったと思う。茂波の生まれた家から神社まで三〇〇メートル余りの距離であるが、その道を向こうから花嫁衣装の茂波が手をとられて歩いて来る姿を想像してみた。

小国両神社

また茂波が少女の頃、小国両神社の境内や静川のほとりで遊んだのではないかと思うと、初めての土地でありながら大変懐かしい思いがした。もちろん明治の頃と比べると、道路や家並みは大きく変わっている。しかし涌蓋山《わいたさん》（一五〇〇メートル）をはじめ小国の町を取り巻く山並みは多分今と変わりはないのではないか。茂波も同じ山容を眺めて育ったのではないか、そんな思いにひたった一日であった。

次に、小国町役場が作成した町のホームページから、小国という地名の由来に触れておこう。阿蘇神社の祭神となった健磐竜命《たけいわたつのみこと》は、阿蘇山頂から四方を拝し、三方に矢を放たれた。北に放たれた矢の落ちた所が、「御矢《みや》の原《はる》」（現在の小国町宮原）である。火の雄神と水の雄神の二神は、命の言いつけに従って巡視にやってきた。御矢の原の地元の人々は、二神を迎えて申し上げるには「臣を御手の中におかせたまえば、臣が国小なりといえども、青山四方を巡りて住吉の国なり。臣したがわば皆服し奉るべく、誰ひとり背くものはありません」と。「国小なりといえども」から、この地方に小国の名前が付けられ、二神を祀ったところが小国両神社であるという。

4　茂波ゆかりの場所

阿蘇郡小国町の杖立温泉街では、四月中旬から五月中旬にかけて鯉のぼりの祭りがある。杖立川の両岸に建ち並ぶ旅館街の間を数多《あまた》の鯉のぼりが風に泳ぐのも、今では恒例の行事となっている。妻と二人して再び杖立を訪ねたのは、ちょうどその祭りの最中であった。

北里サチ子さんにお願いして、茂波ゆかりの場所を案内していただくことにした。まず茂波の兄忠三郎が経営した旅館「丸北屋」の場所であるが、杖立川の左岸、温泉街のほぼ中心部にあった。現在では

「たしろや」という旅館になっている。

次に訪ねたのが、茂波の両親、諫吉とシナが経営した「隈府屋」の跡である。近くに鏡ケ池がある。はるかむかし平安時代のことであるが、醍醐《だいご》天皇の孫に当たる小松院というお姫様の悲恋物語で知られている。実はこの話は、小国だけでなく玖珠地方にも広がりをもつ伝承であるから、本項の末尾にあらすじを紹介しておきたい。

旅館「隈府屋」の跡

「隈府屋」は廃業のときに他人の手に渡り、戦後は室島医院となっていたが、今では病院は閉ざされ住居のみとなっている。また向かいの家が、茂波の弟末治が養子に行った松岡家であって、「綿屋」という屋号の旅館を営んでいた。今では廃業しているが、玄関の脇には、かつての屋号「綿屋」の名と当時の電話番号の入った看板が今も掛けてある。また、土壁をはじめ建物の外観は旅館時代の名残をとどめている。

ところで、もう一つ紹介しておきたいことがある。茂波の生家のそばに金性寺《こんしょうじ》という寺がある。実は、母八千代の夫菊千代にとっては先祖ゆかりの寺である。菊千代の生家は、玖珠郡玖珠町山浦にある南江山専徳寺、真宗大谷派の寺である。山深い所にあって、一山越えれば小国町であり、文亀二（一五〇二）年の創建以後、門徒は玖珠と小国にまたがっていた。第五世了念のとき、小国地方の門徒のため、現在の小国町西里の地に専念寺という寺を建て弟の宗喜を住持とした。その後専念寺は、寛文四（一六六四）年四月、寺号を光厳山金性寺と改めて宮原に移転した（禿迷盧『小国郷史』）。現在では浄土真宗本願寺派に属している。

次に、茂波の母シナが水車を使って精米していたという場所を案内していただいた。「隈府屋」からも近く、現在でも「カラウス」（唐臼）の名前で呼ばれている。「隈府屋」の向かいの家並みの裏になる。狭い路地を通って民家の裏側に出ると、静川から引かれた水路がある。幅は一メートル余りであるが水量は豊富であった。

最後にもう一つ、茂波の妹八重が嫁いだ北里の「仲新屋」を訪ねた。北里柴三郎記念館よりも東に一キロ程の距離にある。今も残る旅館時代の建物は総二階であり、八重の子末男の奥さんが一人で住んでいる。家の中に入ると柱や梁《はり》の大きさが目を引く。この地域は北里の中でも怒留湯《ぬるゆ》温泉の名で知られており、隣には公衆浴場がある。地元の人々だけでなく、村外の人も一百円を払って利用することができる。

案内のサチ子さんにとって、「仲新家」は育った家である。「子供の頃この廊下が大きく見えて、雑巾がけがなかなか終わらなくてね」と、板張りをなでながら思い出を語ってくれた。女学校時代は、ここから宮原まで一里（四キロ）を超える山道を四年間通学したという。

5　鏡ケ池の伝承

ここで、先に触れた鏡ケ池の伝承を紹介しておきたい。玖珠町史編纂委員会編『玖珠町史』などによればあらすじは次のとおり。

今から千年以上もむかし、平安朝の頃のことである。清原朝臣《きよはらのあそん》正高《まさたか》という笛の名手がいた。その名は宮中にも知れ渡り、帝をはじめ宮中の人々の前で笛を吹くこともしばしばであった。ある日いつものように帝の前で笛を吹いていると、どこからともなく琴の音が聞こえてきた。その日は笛の音と琴の音が響き合ってことさらのできばえで、帝もたいそう喜ばれた。

琴を弾いていたのは帝の孫に当たる小松院という姫君で、以後宮中では二人の音合わせが度々開かれるようになった。次第に二人は深く恋し合う仲になり、それが宮中のうわさとなった。帝はこれを大いに怒られ、姫君を因幡の国に移され、正高には豊後国玖珠郡に役替えが命じられた。

三日月の滝

玖珠に着いた正高は、地頭の矢野兼久の館に身を寄せることになった。世話をしてくれる兼久の娘は心やさしい女で、いつしか正高に心ひかれるようになった。正高も娘の気持ちを分かりすぎるほどに分かっていたが、小松院を思うと兼久の娘を妻に迎えることもできず、笛を吹くことも止め、毎日馬に乗って狩りをして気を紛らせていた。

他方、小松院も正高への恋しさがつのり、侍女十一人を連れて豊後へ向けて旅立った。瀬戸の海を渡り険しい山々を越えてようやく豊後の国にたどり着いた。正高の居所を尋ね歩いたけれど見つからず、阿蘇郡小国に着いたとき、清らかな水が湧き出る池のほとりに立っていた。小松院は大切な鏡を取り出して、正高との再会を祈って池に投げ入れた。侍女たちもそれにならって池に鏡を投げ入れた。後に村人はこの池を鏡ケ池と呼ぶようになった。

小松院たちは杖立を経て玖珠に出て、三日月の滝のそばで一人の樵《きこり》に出会い、正高のことを尋ねたところ、地頭の矢野兼久の家におり、その娘を妻にして子も一人いるという。小松院は嘆き悲しみ、三日月の滝に身を投げ入れてしまった。侍女たちも後を追って次々と滝壺に身を投げた。

これを知った正高は驚き、下流で小松院たちの亡骸《なきがら》を引き揚げて懇《ねんご》ろに葬った。現在、嵐山滝神社には正高愛用の笛など遺品が伝えられているという。なお正高は、肥後守となった清原元輔の子であり、また『枕草子』で有名な清少納言の兄でもある。後に赦されて京に帰ったが、子供三人は玖珠に残り子孫は繁栄したという。

6　「綿屋旅館」で見た新資料

平成十七年春、またまた小国に出かけた折り、初めて「綿屋旅館」を訪ねてみた。現在、藤崎清高氏ご夫妻が住んでおり、奥さんが「綿屋」松岡家の生まれである。このとき新しい資料を拝見させていただいた。

まず一つは「宮ノ原本町通り」の古い写真である。大正三（一九一四）年のもので、写真に写った大通りの先が小国両神社であり、左側の電柱の横に「隈府屋」の看板が小さく写っている。また「隈府屋」の向かいが「綿屋」である。当時、「隈府屋」の角に湧水の湧く水飲み場があったのが分かる。

もう一つは明治七（一八七四）年七月、北里柴三郎が郷里北里を離れて東京へ出ていくとき、第十一大区第五小区戸長の北里唯義に提出した「旅行届」の写しである。文書中の第五小区とは宮原・上田・北里・西里・下城の五村であり、名宛人の北里唯義は当時その戸長であって、後年、小吉の妻茂波の兄忠三郎が入り婿となった先の養父である。

旅　行　届

私儀、医学修行之為、東京表へ罷越、本年七月ヨリ満三ケ年間、遊学仕度奉存候。此段御届仕候事

第十一大区第五小区　阿蘇郡北里村

明治七年七月　　　　北里　柴三郎

庁へ之届ハ八月中之届ニいたし候事

北里　唯義　殿

大正年間の宮ノ原本町通り

柴三郎は小国郷北里の庄屋北里惟信を父とし、豊後国玖珠郡森の久留島藩士加藤弘茂の二女貞を母として、嘉永五（一八五二）年十二月二十日に生まれた。十代の半ば、四年間程森の加藤家に預けられている。その後熊本に出て十八歳のとき藩校時習館に入寮したが、まもなく廃校。明治四（一八七一）年に熊本城内の古城医学所に入学し、オランダ人医師マンスフェルトに師事するが、これが大きな転機となり医学の道へ進むことになる。しかし当時の柴三郎家は明治維新前後の動乱により家産を傾けており、学費を工面することができず、小国を離れた柴三郎は大阪の大塚家に書生奉公して資金を蓄え、明治八年、二十四歳のとき東京医学校（現在の東京大学医学部）に入学した。その後、ドイツに留学して細菌学者ローベルト・コッホに師事し、遂に破傷風菌の純粋培養から免疫血清療法を発見したことはよく知られている。

明治二十八（一八九五）年五月、柴三郎は東京芝区に両親を呼び寄せているが、このとき父惟信は住宅の一部分、隠宅の一間を記念に残していった。

その後大正五（一九一六）年、柴三郎は私費一万一五〇〇円を投じて、郷里北里の青少年のために北里文庫という図書館を建てている。北里研究所を創立した翌年のことである。開館式は同年八月十日に行われ、柴三郎一家はこぞって参列した。

同年八月十二日の「九州新聞」によれば、北里文庫の図書閲覧室は間口七間、奥行き四間の木造ペンキ塗の洋館で中央に玄関がある。またその後には二間と二間半の土蔵式の書庫がある。蔵書は千数百冊とある。また付属の建物として木造二階建ての和風住宅があり、階下には十畳の客室と六畳の次の間がある。開館式出席のため帰郷した柴三郎一家はこの建物を宿舎にあてている。なおこれらの建物は、昭和六十二（一九八七）年に北里研究所と北里学園が中心になって大改修され、側の柴三郎生家とともに小国村に寄贈された。現在の北里柴三郎記念館である。

ちなみに、北里文庫の開館式を取材した九州新聞の記者は、同年八月九日午前八時半、熊本を自動車で出発し、鉄道工事中の立野などを経由して、午後三時に小国村宮原の「綿屋旅館」に到着。記者は「綿屋」を拠点にして一週間程小国に滞在しており、開館式の模様を取材するとともに、神功《じんぐう》皇后ゆかりの杖立温泉を紹介し、また絶好の避暑地として北小国の自然景観を称えて記事にしている。

第五章　豊州立憲改進党

1　大分県の成立と最初の県会

熊本県や鹿児島県を見ると、藩政時代にはそれぞれに一つの大藩があって、それを核として県域が定まっている。複数の藩に分かれていた福岡県を見ても、福岡藩・小倉藩が大半を占め、あと久留米・柳川・三池の小藩があるくらいである。これらに比較すると、大分県は小藩分立が甚だしい。旧豊前国は比較的大まかであるが、旧豊後国は細分されて藩の所領が入り交じっており、岡・府内・臼杵・杵築《きつき》・佐伯・日出《ひじ》・森の各藩がある。また独立の藩ではなくて島原領、肥後領、延岡領もあり、さらには幕府直轄の天領もある。県下でも小さな郡である玖珠郡一つを見ても、久留島家の森藩と天領とに分かれており、松木や四日市は天領に属している。

このような小藩分立の豊後国と豊前国の一部が統合されて新しく大分県ができたのは、明治四（一八七一）年の廃藩置県によってである。大分県編『大分県会史』の冒頭には、発足時の大分県の状況が次のように記されている。

大分県ハ明治四年十一月ヲ以テ設置セラレ、県庁ヲ豊後国大分郡府内ニ置キ、豊後全国ヲ管轄ス。後豊前国宇佐、下毛ノ二郡ヲ福岡県ノ管轄ヨリ割《さ》キ、之レニ合ス。全県ノ面積四百九方里、三十広《こう》袤《ぼう》、東西三十里二二、南北二十二里一七、戸数十五万五千五百五十一、人口八十三万五千八十四ヲ有ス。

同じ明治四年、政府は戸籍法を制定し、戸籍事務を取り扱うために区制を実施した。古来の郡や村の区域も名称も無視して機械的に区画した。数カ村をまとめて小区とし、小区をいくつかまとめて大区とした。そのため町村は単なる地理的な名称になった。ちなみに玖珠郡は第七大区となって七つの小区となり、また日田郡は第八大区で十一の小区となった。

翌五年一月二十三日、大分県庁が大分郡南勢家町（現在の大分市堀川）の幸松雄三郎という人の屋敷に置かれ、初代大分県令森下景瑞《かげなお》の下で、新しい統治機構としての県庁機構が整備された。当時の施策中最も大きな事業としては建校布告による学校設置がある。

新しい統治機構が整備されだした時期であり、急激な改革に伴う不安が流言飛語を生み、各地で暴動を誘発している。明治五年十一月、大分郡に起こった農民一揆は、大野・海部《あまべ》・直入《なおいり》の各郡に飛び火した。貨幣制度の転換や物価の上昇などの経済的な不安を根底にして、急激な改革が農民を不安に陥れたものである。破壊・焼失などの被害家屋は約七百四十戸、双方の死傷者は約百名。これに対する政府・県当局の処断は厳しく、死刑四名を含んで被処分者は約二万八千名に上っている。

一揆の処分が終わって後、森下県令は積極的に県下の巡察に出向いている。明治六年五月、玖珠郡山下村（現在の玖珠町北山田）において、近郷の農民多数が徴兵令の取り消しを求めて県令に強訴《ごうそ》するという事件が起きた。徴兵令の中で、租税を金税というのに対して兵役を血税と称したことが疑心暗鬼を抱かせ、徴兵によって若者はアメリカに送られて生き肝をとられ、鎮台にやられたら六、七年は帰れない、といった流言が飛び交った。農業生産の中核を担う若者を奪われれば生計の道を断たれてしまうことに危惧を抱いた農民が、やむなく強訴に及んだものであった。大きな騒動にはならなかったものの、公然と徴兵制度に反対する行動は重大な反政府活動であり、首謀者が懲役十年となったほか、懲役刑七名、罰金刑四百八名という厳しい刑が下された。

二代目県令は香川真一である。明治九（一八七六）年九月、静岡県参事から大分県権令となり、十一年七月に県令になった。当時最大の事件は何といっても、同十年に起きた西南戦争であり、本県でも竹田・三重・三国峠で死闘が繰り返されて大きな被害を受けている。

西南戦争は、明治維新後の急激な変革がもたらす諸矛盾と不平士族の反抗とが重なった内戦であったが、官軍の圧倒的な実力が実証され、これを境にして世の中は武力抗争から言論闘争の時代に移行したといわれている。いわゆる自由民権運動の時代となった。

香川県令の在任中にはもう一つ、明治十一年三月に大分県民会規則が公布されて、県会の先駆とも言うべき民会が設置された。そして同十一年七月二十二日には太政官布告・府県会規則が公布され、民会にかわって県会が設置されることになって、翌十二年一月十五日、最初の県会議員選挙が実施された。

各郡単位で議員選挙が行われ、議員総数四十七名が選出された。直接選挙制である。二月二十六日、初めての臨時会が開かれて、正副議長の選出、県会議事細則及び傍聴人心得の制定などが行われた。次いで三月二十五日、第一回通常会が開会され、明治十二年度地方税経費予算などが審議された。

県会の選挙制度は、その後明治二十四年八月に府県制が施行されてから大きく変化しているが、大分県編『大分県会史』により、それまでの府県会規則下における選挙制度をまず整理しておきたい。

選挙権は、満二十歳以上の男子であって、その郡区内に本籍を定め、その府県内おいて地租五円以上を納むる者に限られた。また被選挙権は、満二十五歳以上の男子であって、その府県内に本籍を定め、満三年以上居住し、その府県内において地租十円以上納むる者に限られた。この基準によると、玖珠郡内の選挙権者は千八百二十八人、被選挙権者は六百五人になる。

また議員定数については、一郡五人以下の範囲で郡の大小によって定めることとされていた。大分県では一郡の戸数五千戸、租税額三万円までの郡は三人とし、これを超過する郡については一定の基準で上積みすることとして、総定数を四十七人とした。玖珠郡は戸数四千七百戸、租税額二万九千円余であるから三人となった。

次に議員の任期は四年と定められ、これは明治二十四（一八九一）年の府県制施行後も変わりはない。ただし同十二年一月施行の選挙で選出された第一期目の議員については、同十三年六月に抽選して半数の退任者を選び、同年八月に半数を改選し、当初の当選者の満期は同十五年六月までとした。その後、二年毎に半数ずつを改選することとした。

明治十二年十月、香川県令が退職すると、その後任として高知県士族出身の西村亮吉が、山梨県大書記官から大分県令として着任した。その後明治十九年七月、地方官制の改正に伴って職名が改められ、最初の大分県知事となっている。西村知事は、明治期の歴代知事の中で最も官僚的で、自由民権運動を極端に排撃し、政党を嫌い、それゆえに県会とも厳しい対立を繰り返している。西村知事の在任は大変長く、同二十四年四月までの十一年七カ月、異例の長さである。

小吉が初めて大分県の県会議員となったのは、明治十四年一月の県会補欠選挙からである。このとき小吉は二十七歳。茂波と結婚したのは、この前年十一月のことである。なお小吉はこの後、明治二十九年四月に辞任するまで県会議員を務めている。中途に抽選などで議員を退任したときはあるが、通算すると十二年五カ月となる。小吉が県会に籍を置いた時期は、西村知事の在任期間と大部分において重なっている。西村知事は、小吉ら自由民権派の議員にとって最大の政敵であったと言っていい。

2　立憲改進党の結成

国会開設に向けての政党結成

明治維新以後、薩摩・長州の出身者が政府の中枢を占めるのであるが、そのような藩閥政治に対する批判が高まった。当初は不平士族が中心であったが、福沢諭吉らが紹介した西洋の自由思想すなわち人間は自由・平等であるとの基本思想に基づき、国会開設、憲法制定などを要求する政治運動が起こった。自由民権運動である。明治七（一八七四）年、民選議院すなわち国会の早急な開設を求める民選議院設立建白書が提出されているが、これが運動の口火となった。運動は不平士族だけでなく都市の商工業者や知識人をはじめ地方の地主層をも取り込んで、各地に政治団体が結成され、要求は地租軽減、条約改正、地方自治などにも拡大していった。これに対し政府は言論・出版・集会を規制して厳しい取り締まりを行っている。

小吉は自由民権運動家として、豊州立憲改進党（大分立憲改新党）という政治結社の結成に深く関わっているが、その前に当時の国政レベルの動きを見ておく必要がある。

岩倉具視、大久保利通、木戸孝允らを中心とする薩長藩閥政府は、いわゆる「有司専制《ゆうしせんせい》」をしいて役人による支配を続け、版籍奉還、廃藩置県、欧化策を着々と押し進めた。これに対し、征韓論が容れられずに参議を辞職した板垣退助、後藤象二郎、江藤新平らは、明治七年に愛国公党を結成し、民選議院設立の建白書を太政官の立法諮問機関である左院に提出した。政府の有司専制を批判し、国民を政治に参与させるべきとする主張は、議会制度に対する知識人の関心を高め、これを機に自由民権運動の気運が高まっていった。この後、国会開設運動は全国的な広がりを見せていった。

政府部内でも、段階を追って国会を開設しようとする伊藤博文らとは別に、参議大隈重信は直ちにイギリス流の議院内閣制度を取り入れるべきとの考えをもってこれと対立し、明治十四年三月、大隈は国会開設の意見書を上奏した。

さらに同年夏、北海道開拓使官有物払い下げ事件が起こり、自由民権派による政府批判はますます激しさを増した。

このような状況の中で同十四年十月、伊藤博文（長州）、山形有朋（長州）、黒田清輝（薩摩）らは、十年後の同二十三年を期して国会を開設する旨の勅諭《ちよくゆ》を発して自由民権派の批判をかわし、同時に大隈重信（肥前）を罷免した。いわゆる「明治十四年の政変」であり、これ以後大隈は野にあって自由民権運動を開始する。

自由民権派の動きとしては、来たるべき国会開設に向けて二つの政党が結成された。まず明治十四年一月、板垣退助を総理とする自由党が結成され、中島信行、星亭らが結集した。また翌十五年三月、大隈重信を総理とする立憲改進党が結成され、犬養毅、尾崎行雄らが結集した。

大分県における立憲改進党結成

中央で立憲改進党が結成されたとき、中央幹部の中に大分県出身者としては矢野文雄、藤田茂吉、箕《みの》浦勝人《うらかつんど》らがいる。彼らの影響を受けて大分県でも豊州立憲改進党が組織されており、これが大分県における組織的な政党の最初ということになっている。党首は小原正朝、そして主な党員としては山口半七、江島久米雄、中島固一郎、宇佐美春三郎、そして小幡小吉がいる。次に大分県発行『大分県政史』の記述を引用しておきたい。

明治十五年には大隈重信の率いる立憲改進党が組織されたが、その中央幹部のうち矢野文雄、藤田茂吉、箕浦勝人は本県の出身者であった。こんな関係で大分県の政党はいち早く創立をみたわけだが、この大分立憲改進党と銘打って発足した政治結社が、本県の組織ある政党の最初でもあった。改進党はその綱領によれば穏健着実であって、自由党の革命的な政綱と立憲帝政党の保守政綱との

中間的立場に立つものであった。（中略）
本県関係の改進党の人物をみると、党首小原正朝、それに山口半七、江島久米雄、中島固一郎、宇佐美春三郎、小幡小吉、加藤茂弘などであったが、これら党幹部や党員の多くは地方的有力者によって占められていた。それは設立の趣旨自体が「資産のあるものでなければ国事に専念することはできない」というにあったし、中央の党支持者が退職官吏、都市知識層、一部の大商人工業家、わけて三菱などであつた関係からともみられる。

党首となった小原正朝は大分県大書記官であったが、西村県知事とそりが合わず、病気を理由に辞任していたところ、党首に推されたものである。このとき小吉も党の幹事になっている。小吉二十八歳である。

立憲改進党の結成に当たっては、福沢諭吉ら慶応義塾の関係者が深く関わっている。この組織を交詢《こうじゅんしゃ》社といい、明治十二（一八七九）年九月に始まる慶応義塾関係者三十一名の会合であったが、その中に大分県関係者は中津出身の小幡篤次郎《とくじろう》など十一名がいる。本県が諭吉の郷里であることもあって、前述のとおり中央幹部の中にも本県出身者が多く見られる。

大分県下における立憲改進党結成の準備段階を見ると、十二年以降の県会と県令の対立抗争の中で、交詢社は地方有志、豪農民権家、県会議員らの交流団結を促している。

明治十二年十一月、小幡篤次郎が帰郷して組織化を始めて以後、「明治十六年までに交詢社加盟者は県内居住だけでじつに八十九名、もちろん九州で一位、全国でも九位という状況であった。県会議員十二名、官吏二十五名、銀行・商社員十一名、記者・代言人・教師九名など資産と名望ある者を主とし、地域的には下毛・宇佐・西国東《にしくにさき》で全体の六七％という状況で、政党結成のリーダーシップはこの三郡がにぎ」っていたという（野田秋生『大分県政党史の研究』）。県会議員十二名の中に小吉がいる。

同十四年四月の大分交詢会と中津交詢会をはじめ、佐伯・竹田・高田の演説会、翌十五年には二月二十六日の玖珠をはじめとする親睦会の開催など、政党結成の準備が進められた。そして明治十五年五月六日、大分町南新地で大分県大親睦会が開かれた。「参加者百二十余名、仮会長宇佐美春三郎、発起人総代山口半七、議長には前年九月、病気を理由に大分県大書記官を辞した交詢社員小原正朝が推された」（野田・前掲書）。これが前述の豊州立憲改進党の結成である。

なお、上記の自由党及び立憲改進党とは別に、明治十四年には、自由党に対抗する政党として、伊藤博文や井上馨ら政府要人の支援を受けて、立憲帝政党が設立されている。

以上の自由党、立憲改進党及び立憲帝政党という当時の代表的な三政党の違いについて、笠原一男『詳説日本史研究』が次のように簡潔に整理しているので引用しておきたい。

［自由党］は「自由ヲ拡充シ権利ヲ保全シ幸福ヲ増進シ社会ノ改良ヲ図ル」こと、「善良ナル立憲政体ヲ確立スル」ことなどを綱領とし、自由主義の立場にたって行動は比較的急進的であった。党員も悲憤慷慨型の志士が多く、代言人（弁護士）・新聞記者などの知識層（おもに士族）や、豪農・地主・商工業者など地方有力者層を地盤としていた。幹部には板垣退助、後藤象二郎、片岡健

吉、河野広中、大井憲太郎、星亨、植木枝盛らがいた。

［立憲改進党］は「王室ノ尊栄ヲ保チ、人民ノ幸福を全フスル事」「内治ノ改良ヲ主トシ、国権ノ拡張ニ及ボス事」などを綱領とし、イギリス流の立憲主義の立場にたって、行動も比較的穏健な漸進主義で、知的・合理的なインテリ臭が強かった。自由党と同じく豪農・地主・商工業者など地方有力者層が地盤であったが、党の指導者には都市の知識層が大きな比重を占め、とくに大隈とともに下野した旧官吏や慶応義塾出身者が多く加わっていた。幹部には大守一、小野梓、島田三郎、犬養毅、尾崎行雄などがいた。

［立憲帝政党］は政府系の政党で、支持者は神官・僧侶・国学者・儒学者などの一部に限られ、その主張は天皇中心主義の保守的なものであり、まもなく政府の政党否認の方針によって翌年解散してしまったので、みるべき活動もなかった。

三つめの立憲帝政党はいわば御用政党であるが、この流れを汲む政党として、大分県では豊州会が明治十六年四月に組織された。豊州会の実質的な指導者は県令西村亮吉、警部長補平塚恰であったといわれている。西村県令と県会とりわけ小吉ら立憲改進党との対立は章を改めて詳述する。

3　豊州立憲改進党と九州連合同志会

自由民権運動の高まりに対して政府は、新聞紙条例や集会条例を改正して、取り締まりを一段と厳しくした。

明治十五（一八八二）年末、板垣が後藤象二郎とともに外遊すると、一時的ではあるが指導者を失って自由党は内紛を生じ、自由党と立憲改進党との対立は激しさを増してきた。

また自由党内部には、政府の弾圧に対抗して、政府の転覆、政府高官の暗殺を計画するなど直接的な行動に走る急進派が現れた。その影響の下に同十五年の福島事件をはじめ、群馬事件、加波山事件、秩父事件など主に東日本において大規模な暴動が相次いで起こった。特に秩父事件では貧農が組織して蜂起し、借金の年賦返済、村費減免などの要求、高利貸や地主の襲撃、さらには郡役所の占拠などの大規模な暴動を起こし、政府は軍隊を出動してこれを鎮圧した。統率力を失った自由党は同十七年十月に解党した。また同年十二月には立憲改進党も大隈重信らが脱党して活動を停止した。

九州においては、これより前の明治十五年三月、熊本公議政党が中心になって、熊本で九州改進党という政党が創立されている。しかしこれは、中央政党としては板垣退助を総裁とする自由党につながっており、「自由党の九州版」とも言うべき政党であった。これに対して小吉や山口半七らの豊州立憲改進党は、福沢諭吉の影響下において大隈重信を総裁とする立憲改進党に直結する政党であって、自由党は小吉たちからすれば敵対政党であった。大分から九州改進党へ参加したのは、豊州立憲改進党結成のとき、党の綱領をめぐって小吉らと対立した直入郡竹田の貫顚社《かんてんしゃ》社員六名だけであった。その後、明治十七年十月、中央における自由党の解党に伴って、九州改進党も翌十八年五月の久留米大会において解党する。

この時期、大分県においても立憲改進党に対する締め付けは厳しく、豊州立憲改進党結成の日の夜に開かれた演説会も中途で解散を命じられている。その後、明治十五年から十六年にかけて、別府、高田、大分などにおける演説会も解散させられ、郡の職員や教員のうち党派色のある者が辞めさせられている。自由民権運動を取り巻く環境は一段と厳しくなり、ついに同十七年二月二十五日、豊州立憲改進党は臨時総会を開いて解散した。

ところが明治二十年代に入ると、「外交失策の挽回、地租の軽減、言論結社の自由」をスローガンに掲げた三大事件建白運動が起こり、これを契機にして自由民権派の大同団結運動が急速に高まった。こうした中で豊州立憲改進党が再興され演説会も再開された。他方、大分の豊州会や福岡の玄洋社、熊本の紫溟会《しめいかい》などの九州の保守政党も結束を強めたことから、同二十二（一八八九）年二月これに対抗するため、豊州立憲改進党をはじめ、かつて対立した旧九州改進党や竹田の貫顚社などを含む自由民権派の大親睦会が熊本の花岡山《はなおかやま》で開かれた。これが九州連合同志会の結集大会であり、小吉は山口半七、江島久米雄らとともに参加した。また同二十二年二月十一日の憲法発布、衆議院議員選挙法の公布も政党の再結成を促す結果となった。

新藤東洋男『自由民権運動と九州地方』によれば、九州連合同志会の結成大会の会場となった花岡山の招魂社広場には、九州各県から二千八百余名が結集し、会場中央には「自由万歳」と大書され、「九州之元気貫天地」、「西海之精神驚乾坤」という小旗がはためいていた。

花岡山は熊本駅の裏にある小高い山であり、今では白いパゴダが建ち公園として整備されている。ある風の強い日、妻とともに義母の八千代を連れて九州自動車道を走り、花岡山に案内したことがある。パゴダの前に立つと、いつもの靄《もや》は強風に吹き飛ばされ、眼下に熊本の市街地を見渡し、遙か遠くには阿蘇の外輪山を望むことができた。

明治二十二年二月、熊本で九州連合同志会が結成されて以後、同年十月に長崎で大会が開かれているが、この直前、大隈重信の条約改正案に対する反対運動が激化する中で、玄洋社の来島恒喜《くるしまつねき》による大隈襲撃事件が起こっている。さらにその半年後の同二十三年四月、鹿児島で臨時大会が開かれ、九州連合同志会規則が制定されている。

同二十三年三月、第一回衆議院議員選挙を直前にして、立憲改進党の創設者の一人で中央政界でも名を知られた矢野文雄が帰郷し、県下各郡を遊説した。県下の立憲改進党有志は矢野を迎えて歓迎会を市内の蓬萊館《ほうらい》で開催することとし、その案内文を三月二十三日付「大分新聞」に掲載した。小吉も発起人に名を連ねている。

大分の後、矢野は竹田、三重などを経て四月三十日には玖珠郡中村に着き、五月一日午後一時、万年《まんねん》村の教念寺における玖珠郡改進主義者親睦会に臨んだ。雨天にもかかわらず参会者は百二十名余であった。二日、玖珠を発ち、小吉と山口半七が日田まで同行している。

明治二十三年七月の第一回衆議院議員選挙の直後、同月二十日から三日間にわたって、福岡市中洲の共進館において九州連合同志会の大会が開かれた。この大会には大分県から小吉と佐藤蔵太郎が代表として参加している。まず会の名称が九州同志会と改められることになり、七月二十日には小吉らが起草委員に選ばれ、二十一日には福岡市橋口町（中央区天神四丁目）の福岡自由倶楽部の事務所において、規約、党議、運動方針などの案が論議されている。そして同月二十二日の大会で制定された九州同志会規約は次のとおり（『自由民権運動と九州地方』）。

九州同志会規約

第一条　本会は進歩主義を執るものを以て組織す。
第二条　本会は立憲政体の原義に則り政治の改良を計り、利を伸張することを務むるものとす。
第三条　本会は各国随意に他を連合するを許さず。
第四条　本会は福岡市橋口町三十一番地に事務所を置く。
第五条　本会に常議員四十一名を置き、毎年三月定会を開き時事の要務を議定するものとす。但常議員十八名以上の要求ある時は臨時会を開くことを得。
第六条　常議員会に於て必要と認めたるときは総会又は臨時会を開くことあるべし。
第七条　常議員は各県会会中より各六名を選挙するものとす。
第八条　此の規則は常議員の決議にあらざれば変更することを得ず。

4　府県制・郡制の施行

政府は自由民権運動を取り締まる一方で、国会開設にそなえて政府機構の改革を行った。明治十八（一八八五）年十二月、太政官制を廃止して内閣制度を創設し、伊藤博文を初代内閣総理大臣とした。それまでは皇族、公家、大名家をあてていた太政大臣、左大臣、右大臣を廃止し、内閣総理大臣の下に各省の長官に国務大臣をあてて内閣を組織して政治の中核としたのである。来たるべき国会開設に向けて行政府の強化を目的としたものであった。

また地方自治制度の整備に着手した。明治二十一年に市制・町村制が公布され、大分県では翌年四月一日から施行された。さらに府県制と郡制が同二十三年に公布され、大分県での郡制施行は同二十四年四月一日、そして府県制の施行は同年八月一日である。府県によって市町村制も郡制も施行の時期がまちまちである。多くの府県で郡制の施行に遅れが見られるが、これは府県によっては郡の規模に大きな格差があったため、合併や編入による調整に手間取ったためである。

そもそも郡は律令制の時代の行政区画であったが、中世及び近世においては単なる地名として残っていた。それを明治になって再び行政区画として復活させたものである。同十一年の郡区町村編成法によって郡名が復活して、郡に長が置かれていたが、さらに同二十三年公布の郡制施行によって郡は固有の財産、予算及び議会をもつ一つの地方自治体となったのである。郡制の施行に当たっては、玖珠郡について日田郡との合併の建言がなされたが、大分県では合併や編入は行われていない。ただし国東《くにさき》と海部《あまべ》の両郡については区域が広大であるため、それぞれ東西と南北に二分されることになった。

府県制・郡制が施行されると、府県会議員の選挙権は、府県内の市町村公民にして市町村議会議員の選挙権を有し、かつその府県内において一年以上にわたり直接国税年額三円以上を納める者に限られた。また被選挙権は選挙権を有する者のうち、さらに直接国税年額十円以上を納める者に限られた。また、郡会は郡内の町村会で選挙された議員と大地主の互選で選ばれた議員から構成されるようになり、さらに県会議員は郡長を会長とする郡参事会と郡会との合同の選挙会において選ばれる仕組みになった。それまでの直接選挙から間接選挙へと改められたのである。

地方自治制が帝国議会の開設に先立って定められているが、このねらいは議会開設後当然に予想される政府と政党との衝突や政争の激化を地方政局へ及ぼさないためのものであったといわれている。郡会議員選挙に大地主の互選制度を導入したり、また市会・町村会の議員選挙においては有産者に有利な等級選挙制を採用することなどにより、「財産と教育ある名望家」が議員に選ばれるような制度をつくり、地方自治の基礎としたものである（笠原一男『詳説日本史研究』）。

府県制施行後初の大分県会において、当時の知事岩崎小次郎は「地方長官は単に中央政府を代表するに留まらず、制度の改正によって一方には中央政府を代表し、一方には地方自治体を代表すること」になったのだと述べている。しかし実態は地方自治とはほど遠く、府県知事や郡長は従来どおり政府によって任命され、また県庁と郡役所の職員のうち、勅任官と奏任官は国の官吏であり、内務省が任免や給与を管掌した。

なお、府県制・郡制は明治三十二年に全文改正されて、府県会議員及び郡会議員の選出方法が改められている。県会議員も郡会議員も、各郡内の選挙権者による直接選挙で選ばれるようになった。複選制を単選制にし、また大地主議員制度が廃止されたのも同三十二年である。

5 「松方財政」と土地所有の集中

政府が地租改正条例を発して地租の改正に着手したのは、明治六（一八七三）年七月であった。改正の主な内容は、課税の標準を収穫高から地価にしたこと、税率を地価の三％としたこと、現物納から貨幣による納入にかえたことであり、同十四年にようやく改正事業は終了した。収穫の出来不出来に左右されない安定した税収を確保するのが目的であった。しかし地租が金納に替わったことにより、生計費を稼ぐのがやっとの零細農民の中には、凶作や農産物価格の下落などを契機としてやむなく土地を手放す者も増え、本百姓から小作人になるなど農民層の分解が進んでいる。地租改正による近代的な土地所有権制度の確立が、土地の賃貸・売買による土地所有の集中化を促す結果となったのである。また地主と小作人の間では物納であったため、米価の値上がりによって地主は利益を増大させ、反対に米価が下がれば小作料を引き上げることにより小作人にしわ寄せを生じさせた。

農民層の分解をさらに激化させたのがいわゆる「松方《まつかた》財政」である。明治十年に起こった西南戦争のとき、政府は戦費調達のために大量の不換紙幣を発行しているが、それが戦後激しいインフレーションを引き起こしている。同十四年に大蔵卿（後の大蔵大臣）になった松方正義は、歳出を切りつめるとともに増税による歳入増を図り、収支の余剰金によって正貨買い入れと不換紙幣消却を実施しようとしたのである。このような徹底的な緊縮財政と増税、不換紙幣の整理と正貨の蓄積、さらには金融政策の中枢となる日本銀行の設立と従来の国立銀行の普通銀行化、銀本位の貨幣制度の確立等々は、確かにその後の我が国近代産業発展の基盤を提供している。

しかし他方で、厳しい財政緊縮と紙幣の縮減がインフレーションから一転してデフレーションを引き起こし、米の相場は明治十四年から同十七年の間で五割以上も下落するなど、農村に深刻な不況をもたらした。その結果、農民層の階層分化はますます促進され、貧農・小作人の増加と同時に少数の地主・富農・富商への土地集中が進んでいる。

また玖珠地方では、同十七年の凶作及び同二十二年の大水害などによる被害も大きく、やむなく土地を手放す自作農も多かったといわれている。

さらに明治二十六年七月に普通銀行条例が施行されると、県内各地に小銀行が相次いで設立されている。大地主たちはこれらの資金を活用することによって農地の買収を繰り返し、その結果、自らは耕作せずに小作料だけで利益を上げていくという、いわゆる「寄生地主制」の展開が一段と加速されたのも歴史的な事実である。

玖珠郡でも同二十七年一月、森町に玖珠銀行が設立され、同年二月には万年村に万田銀行が設立された。万田銀行の資本金総額は八万円、設立者を見ると武石儀策、小幡範蔵、足立石三といった郡内の大地主が名を連ねている。初代頭取は武石儀策であり、二代目は子の橘次である。

また、前述の明治二十年代前半における町村制・郡制・府県制の施行によって、市町村・郡・府県という階層のそれぞれに議会ができて、多くの地主たちが議会議員となり、政治的な発言力をますます強めていった。

第六章　『大分県の耆宿山口翁』に描かれた小吉

熊本の花岡山において九州連合同志会の結集大会が行われたとき、大分県からは山口半七をはじめ小吉らが出席している。結集大会が開かれるに至った背景などは、前章に紹介したとおりである。ここに引用する立憲民政党大分県支部発行『大分県の耆宿《きしゆく》山口翁』は、小吉の同志である山口半七の自伝であるが、この中に大分から熊本までの道中の様子などが記されている。小吉も登場するので次に紹介したい。

1　熊本までの道中における椿事

明治二十一（一八八八）年の冬、熊本県の改進党員から大分県の豊州立憲改進党に対して、九州連合同志会を結成しようという申し入れがあった。豊州立憲改進党はすぐさまこれに同意し、翌二十二年二月二十三日、熊本の花岡山で結党式を挙行することになった。大分からは二十五名の同志が出席することになった。後藤喜太郎、小野吉彦、宇佐美春三郎、副《そえ》四郎一《しろういち》、江島久米雄、武石橘次らがいて、そして山口半七、小幡小吉がいる。豊州立憲改進党の主要メンバーがそろっている。

半七ら幹部は、二月十九日に大分を出発して二十二日に熊本に着き、二十三日の結党式に出席するという予定である。大分を発つ前日朝、半七の宿舎にお花という芸妓が訪ねてきた。大分では常に宴会をとりしきる老妓で、半七もかねての知り合いであった。半七が用向きを聞くと、同人の近所に内田という者がいて、書画骨董を取り扱っている、この度有志が熊本で会合をもつということを聞いてうらやましく思い、党への加入、党費の分担もしたい、生来政党に熱心であるから、ぜひ同行させてほしいとの頼みであった。半七が他の幹部に協議すると、「来る者は拒まず、去る者は追わず」ということで、内田も同行することになった。

他方小吉は、万年村の武石橘次や加藤茂弘親子及び平田美利ら四人とともに、玖珠を発ち、小国を経て高原を越え、阿蘇の宮地で大分からの本隊と合流することになっていた。ところが本隊が宮地に着いて一時間が経ち、二時間が経っても、玖珠隊の姿が見えない。途中で何か変事が起きたに違いないということになって、幹部は残って玖珠隊を待ち、他の同志は今夕の宿泊地に向かわせた。

安否不明のまま夜に入り、八時を過ぎた頃になって、顔を蒼白にした平田と武石の両名が息も絶え絶えに駆けつけてきた。聞けば、今朝玖珠を出発し、最長老の加藤茂弘は馬に乗り、他の四人は徒歩で前後に付き従って、かの高原にさしかかったところ、烈しい風雪に見舞われた。高原のほぼ中央あたりで風雪はますます強くなり、寒気は肌を刺し、その痛みは表現しようもないほどになった。六十歳を超えた馬上の加藤はこれに絶えられず、手足は冷たくなり、人事不省に陥りかけた。直ちに地上に担ぎおろし、若者が肌で老人の肌を抱きしめ、体温を送って回復させようとするが、意識はもうろうとなってきた。遂に馬を引いていた男の発案で、地下二尺余をコウモリ傘や竹切れをもって掘り下げ、病人をこの穴に埋め、地熱によって寒気を防いだところ、ようやく呼吸も元に戻ってきた。そこで取り急ぎ報告に来たのだという。

これを聞いて一同は大いに驚き、それっとばかりに四、五人の男が飛び出して、遭難現場に向かい、後から人足や駕籠《かご》を出発させた。二時間程経って一行はようやく宮地に着いた。翌朝、大病人の加藤と、その息子を看護のために残して、その他の者は宮地を発って熊本に向かうことになった。

先に進んだ一行の宿泊地は阿蘇郡温泉地戸下であり、本隊幹部がこれに合流したところ、意外な椿事《ちんじ》が起こっていた。報告によれば、同行者の内田が今未明、一人で入浴をすまして居室に帰ってみると、いつも肌身離さずに持っている金子《きんす》入りの胴巻きがないのに気がついた。本人は茫然自失の状態であり、周りの者も気の毒に思って八方手を尽くしたが、どうにもならなかった。内田に問えば紛失した額は五百円といい、その額の多額なるに驚いた。身分不相応の所持金について内田の弁明するには、所持金は旅費のみにはあらず、自分の商売が書画骨董なるをもって、一攫千金《いつかくせんきん》の掘り出し物なしとも限らず、暇をみて商店をあさらんとする考えをもって資金を用意しているのだという。一見もっともな理由であるが、金額のあまりに巨額なるため周囲の同情は薄らいでしまったらしい。

その日の午後、一行は熊本に着いて洗馬町の山城屋に投宿した。二階全部を借切ったけれど、二十五人という多人数であり、しかも血の気の多い青年の徒ばかりであるから、喧騒はなはだしく何ともしようがない状態である。明日午前は各県委員の打合会、午後は結党式であるから、いろいろ協議しておきたいこともあるが、これでは何もできない。そこで半七は一策を案じて密かに小幡小吉を招いて、若手の連中を二本木遊廓に送り出すよう伝令した。財布の中身もまだ豊富なときであるから、みな喜び勇んで車を飛ばしたという。ここにいう車とは人力車のことである。

こうして十数名の荒武者を追いだした後、穏健老練の者だけで明日の結党式に向けての協議ができたという。

ところで『大分県の耆宿山口翁』は、半七が衆議院議員を務めるなど功なり名を遂げた後、最晩年に編集された自伝であるだけに、半七の老成さを強調しすぎている嫌いがある。当時の小吉の年齢を見ると満で三十三歳、そして半七もまだ三十六歳。

2　警察のスパイ露顕事件

この夜、またまた事件が起きた。市内の散策に出ていた副四郎一が、あわただしく馳せ帰り半七に密告するには、同行者の内田をかねてから怪しいと思って注意していたが、今夜、一人市内を歩いていると、前途に内田によく似た男が歩いていた。密かにこれを尾行してみると、男はつかつかと警察署の門を潜ったではないか。ますます怪しき挙動なるをもって、商家の軒下天水桶の傍らに身を隠し、出てくるのを待った。約三十分後に出て来たが、再び尾行を続けたところ、今度は電信局に入り二通の電信を依頼した。その後内田は電報料を支払って、後も見ずに立ち去った。副はとっさの考えで、内田になりすまして、あたかも本人が再び帰ってきたかの如く装って、電信局の窓口をたたき、「今の電信にもしや誤字のあらんかの疑い起こりたり、大切の電信なれば再び検閲の要あり。面倒ならんが一見せしめられたし」と要求したところ、局員は何も疑うことなく、二通の電文を渡してくれた。開いてみると、本文はことごとく暗号で意味は通じない、しかしその宛名は一通は大分県高等警察官宛、一通は警部長師岡宛となっていた。内田は疑いもなく警察の探偵なりというのが副の報告である。

そこで幹部会議を開き、内田の処分を討議した。「いやしくも男子たるものが警察の犬となりて吾輩らの一行に加われるは言語に絶せし不埒者《ふらちもの》なるをもって、袋叩きの上にて大分に追い返すべし」とする意見もあったが、例の過激派が幸いにして留守であったので、穏健な結論で落ち着いた。会議の席に内田を呼びだし、皆で詰問したところ、探偵であることを自白したので、即時退宿を命じ、宿屋から放逐した。

翌朝になって過激派の面々が遊郭から帰ってくると大変である。原文は次のとおり。

翌朝に至り過激派の面々遊廓より帰り来りて内田探偵露顕《ろけん》の事を聞き憤慨其の極に達し、幹部の処置甚だ手緩《てぬる》し、今より内田の居所を探し十分の制裁を加へざれば吾が腹癒《い》へずと内田を罵倒《ばとう》し幹部を非難し怒声罵声満場鼎《かなえ》の沸くが如く、殆んど手の着けようもなき有様なるを以て吾輩等もただ静かに傍観するの外無かりき。其の内追々過激派の気勢衰へ来りたるを以て、今更内田に懲罰を加へんとするも其の人既に去りたれば致方無し（以下略）

若手の過激派は、幹部連中の措置の手ぬるさを責め、怒声・罵声が飛び交って、まるで釜の湯が沸くが如く、ほとんど手のつけようのない有様であったらしい。

しかし当人の内田は既に去ってしまった後であるから、何ともしようがなく、ならば師岡警部長に宛て「吾々熊本出張につき其の身辺を保護するため特に内田探偵を随従せしめたる貴官の御好意を感謝す、吾々幸いにして意気軒昂《けんこう》、内田氏の必要なければ、昨夜帰分（大分に帰る、の意）せしめたり、吾々一同謹んで貴官の御健康を祈る」との電報を打ってはどうかという意見が出て、これには過激派も同調し、内田討伐も沙汰《さた》やみとなった。

3　九州連合同志会の結集大会

明治二十二（一八八九）年二月二十三日、九州連合同志会の結集大会の朝、山城屋で朝食をとり、半七をはじめ小吉ら委員十名は、熊本市内高麗門安国寺の委員会場に着いた。地元の熊本側の委員は誰も来ていない。半七らは寺僧に導かれて控室に陣取り各県委員の来るのを待った。ようやくして風采堂々とした紳士が五、六人の同志を率いて昂然《こうぜん》として控室に入ってきた。半七も面識がなく、その姓名を問うと、意外にも当時熊本にあって、半七らと敵対する政党紫溟会《しめいかい》を牛耳る佐々《さつ》友房《さとふさ》であった。

そこで半七は、「今日の会合は改進党の主義綱領を奉じる各県同志が集合し意見を闘わすべきものであって、聞くところによれば貴下の率いる紫溟会は我等と意見を異にする由なれば、貴下の出席は意外に思う。何人の通知勧誘に応じたものか」と問えば、「余は別に何人よりも通知を受けざるも、新聞紙によりて諸君の会合を知った。いやしくも九州にあって政治思想を有する者は、一堂に会し、互いにこれを研究論議し万一意見の合致せざる場合に至れば分離するも可なり。未だ一回も意見を闘わさず、皮相の見をもって吾輩らを拒んで入れざるとせば、発起人の度量に疑いなきや」と、暗に熊本の同志山田武甫らの度量の狭小をあざけり、時宜《じぎ》によっては会議を混乱させようとの企てであるから、相手もなかなかの者である。反復して縦横に論じ去り論じ来たり、しかもゆったりと落ち着いている、その天晴れの態度に、半七もさすが一党の首脳であると感服している。その最中、ようやく熊本の山田をはじめとする各県委員が続々とやってきた。談論は一層花を咲かせたが、佐々らも衆寡《しゅうか》敵せずとみたか遂に退場していった。大風一過、その後の委員会は何ら支障なく、大会に提議すべき宣言の決議を終了した。

結党式は同日午後一時より花岡山において行われた。半七はそのときの模様を短く次のように記している。

> 花岡山は十年の役賊軍此処に放列を敷き、谷将軍の籠城《ろうじょう》せる熊本城を攻撃せる古戦場にして由緒深き地なれば、数千の会衆意気天を衝くの概ありき。

花岡山は明治十年の西南戦争の際、西郷軍がここに陣地を築き、谷干城将軍の籠城する熊本城を攻撃した。九州連合同志会の結集大会が行われたのは明治二十二年二月であるから、戦後まだ十年程しか経っていない。

後年になって、半七にも不思議に思えることがあった。九州連合同志会の大会に集まった熊本の山田武甫らは、その後政友会系に流れて半七らとは袂を分かち、一方当時は敵党であった紫溟会のメンバーは半七らと同じ憲政会に移ったという。半七は「政界の変化とは云ひながら、吾輩当時を追想して今昔の感に堪へざるものあり」と述懐している。

第七章　大分県会における小吉

1　警察費の削減問題

現在の地方自治体における議会の権限と比較すれば、小吉の頃の県会がもつ権限は極めて限られており、予算審議に限定されていたと言っていい。県当局が提案した予算案を承認するか、またはその額を修正するしかできなかったのである。限られた議会の権限ではあったが、その中で小吉が県会でどのような発言・行動をしたのか、大分県編『大分県会史』から拾い上げてみたい。なお、各議員の名前の前に番号が付されているが、これは毎回改選のたびに抽選をもって議員の番号が決められており、県議会の会議においてはその番号の席に着くよう決められていたものである。

「松方財政」の下でデフレはますます深刻さを増し、米価は急激に低下し、地租の負担は増大した。このような状況の中で、県会は民力休養のため、歳入・歳出予算の減額を求めた。この時期に県会と県知事が対立したのが、警察費の削減問題である。明治十六（一八八三）年に県会は、巡査五十名の削減と、内務省が発した帯剣令に基づくサーベル購入費の全額削減を決議した。

巡査の削減問題もサーベル問題も表面的には経費削減論に終始しているが、単に経費の問題ではなく、警察力を使った政府の弾圧に苦しめられた立憲改進党員としては、県の権力機構の拡充に反対する立場にあったことは明らかである。ある立憲改進党員は「巡査にサーベルを持たせることによって、人民を保護すべき職が人民を屈服させる職に変じてしまう」として、サーベル不要論を主張している。小吉もこれに与《くみ》して県提案に対して、反対の立場をとっている。

しかし西村県知事は直ちに県会に再議を命じ、また県会は再び巡査五十名の削減を可決した。これに対し、県知事は県会決議を承認せず、内務卿指揮を要請して原案執行の強権を発動して押し切った。その後十七年、十八年と続けて同じ問題が蒸し返され、県知事は三年間にわたって強権を発動して実行に移した。

2　知事不信任の決議

明治二十二（一八八九）年七月、筑後川水系に大水害が発生し、玖珠・日田地方は大きな被害に見舞われた。復旧費に対する国の補助を求めて、県会は代表者を上京させて請願した。西村県知事も上京して国費補助を要請した。これに対して、政府は十五分の四の補助を内々に回答してきたため、県会は知事に対して再度上京して国に五割の補助を要請するように満場一致で決定した。議長がこれを知事に伝えたが、知事は県会の決定を拒否した。これに対して豊州立憲改進党が主流を占める県会は態度を硬化させ、ついには知事不信任を決議している。経緯は次のとおりである。

まず中島固一郎という議員が、「国庫補助率がまさに決定されようとしているときであるから、決定される前に知事に上京してもらいたい。県会満場の同意をもって議長から知事に上京を要請してもらいたい」と陳述した。これに対して小吉は、次のように主張した（要約）。

いったん知事に上京を要請して拒否されたなら、その決心をくつがえすことは甚だ困難である。よって「本会に知事の臨場を乞い、是非上京して議会決議の精神を貫徹せんことを乞わん」。

しかし議会の大方の意見は、知事から返答があってからでもよいのではないかということになり、議事を中断して議長が知事の自邸を訪ねた。その結果を議長が議場で報告するには、「知事は、先に上京の際に県下の惨状をつぶさに説き、各県の被害の軽重により補助の歩合が内定されているのである。新たに災害があったわけではない以上、予定額が変わるものではなく上京の必要はない」との返答であった。

大分県知事西村亮吉
（『大分県史 近代篇Ⅱ』より）

これに対して小吉は、「直接に知事の返答を聞きたい。知事の臨場を乞うこととせん。それができぬなら、我々全員で知事邸に赴いてもいい」と主張した。これに賛成の意見が相次いで、満場一致で可決し、再度議長が知事邸を訪ねたが、知事西村亮吉は頑としてこれに応じることなく、「他の要件をもって上京するはともかく、議会の建議を入れて上京するが如きは、亮吉の断じてなさざる所なり」と拒否した。
議会としては怒りがおさまらず、知事の上京を求める建議を一旦取り消して後、「知事の大分県民に対する冷淡・不親切な態度」を議事録に記録することを決議した。事実上の知事不信任決議である。提案した佐藤秀英の意見を要約すると次のとおり。

本年県下の水害は未曾有《みぞう》の大災害であり、七十万余県民は惨憺《さんたん》たる境涯に陥った。それなのに知事は、あたかも対岸の火事を見るかのように全く意に介していない。その冷淡・不親切なることを議事録に特筆大書し、後世に伝えるべきである。

大分県会議事堂
（富来隆『大分県の歴史 第八巻』より）

知事の態度を覆しようもない県会にとっては、最後の抗議と言っていい。明治二十二年十二月の第十二回通常会は、西村県知事と県会の対立が頂点に達した県会であった。
現在ならば、不信任決議を突きつけられた知事は、県議会を解散して対抗するか、さもなければ辞職あるいは失職するか、その選択を迫られるわけであるが、当時の知事は官選知事であるから何ら痛手を受けるものではない。今そのときの議事録を見ると、次の決議文が前後の文字よりも四倍近く大きな活字で組まれている（大分県編『大分県会史』）。

西村大分県知事が国庫金補助請願の件に関し、本県会に仕向けたる行為は、県下人民に対し甚だ不親切なるものと認む。依て之を特筆大書して、永く後年に伝ふるもの也。

実は大分県会の新議事堂は、明治二十一年九月に着工し、翌二十二年十月十五日に落成している。したがって先の第十二回通常会は、新議事堂が落成して最初の議会であった。長方形の議場は二階の傍聴席から見下ろす構造になっていた。当日どれほどの傍聴者がいたかは分からないが、世論をリードしているという自負をもつ自由民権派の議員としては、多分に傍聴席を意識していたと思われる。その結果、知事不信任決議にまで至ったのではなかろうか。

3　佐賀県道の整備と小吉

明治二十四（一八九一）年七月十七日開会の第二十二回臨時会における号外議案諮問案の冒頭は、次のように書き出されている。

本県ノ地勢タル群山重畳ノ間ニ位シ、往時旧藩八諸侯ノ封土ニ分裂シ、加フルニ他管ノ堤封等各所ニ散在セルヲ以テ、道路ノ如キ各自相競ヒ、専ラ天険ニ拠リ、偶々《たまたま》沿海平行ノ地アルモ故《ことさ》ラニ屈折ヲ設ケ要害ノ具トナセシ等、今日ニ至リ旧藩遺業ノ為メニ運輸交通ノ不便ヲ感スルモノ多ク、他府県ニ其比ヲ見サル所ナリ。

大分県政の重要課題の一つは、道路交通網の整備であった。ここに指摘されているとおり、大分県の地理を見ると山岳が重なり盆地が多い、しかも旧藩政時代には小藩が分立し、さらに独立の藩ではなくて、島原領、肥後領、延岡領なども散在している有様である。道路については、防備のために険しい所に造ったり、また海岸沿いの平地にあっては意図的に屈折させている。このような旧藩時代の負の遺産が運輸交通を不便にしており、それが産業の発達を遅らせているという認識である。廃藩置県以降、道路整備は大分県における県政の長期的な最重要課題であったと言っていい。

そのような状況の中で国道36号線と佐賀県道の整備が中心的な議題になったのが、明治二十五年七月二十五日開会の第二十五回臨時会であった。午前十時、県知事岩崎小二郎は、書記官、参事官、警部その他の県属を従えて議場に臨み、整列した議員を前にして開会を宣言した。

議題は副議長の選出、国道36号線並びに佐賀県道の改築についての諮問、その他に二十五年度歳入・歳出追加予算などであった。開会式の後、議長若林永興は、明日を議案考案日とすることを告げて、これが承認されて一同は退場した。

七月二十七日、午前九時二十五分開会。副議長の選挙の後、かねて懸案の国道36号線の議事に入ることになったが、スムーズな議事進行のために本会議の前に小会議が開かれ、設計書、目論見書、図面などによって詳しい質疑がなされた。

本会議が再開されると、議長若林永興は、国道第36号線改築諮問案より議事を始める旨を告げて、書記が諮問案について次のとおり朗読した。

国道三十六号線改築予定路線ハ、明治二十四年七月臨時議会ニ於テ改築ノ諮問ニ対スル本県会ノ意見ニ依リ、各線路ニ就キ調査ヲ遂ケタルニ、左ノ路線ヲ以テ適当ト認ム茲ニ本会ノ意見ヲ諮フ。
一、予定路線大分郡大分町ニ起リ中ノ谷ヲ経テ大野郡重岡村国境ニ至リ宮崎県国道第三十六号線ニ接続ス。

続いて二十六番議員小幡小吉ほか十一名から、国道36号線改築諮問についての意見書が提出され、議長は書記に朗読を命じた。その趣旨は次のとおりである。

国道三十六号線は県の東南部の数郡を経由して、宮崎に接続する道路であるから、「物産運輸の要路なるのみでなく、一県の体面上国家に対する義務として」速やかに整備すべきものである。他方佐賀県道は、大分・玖珠・日田の三郡を通過して、両筑地方及び佐賀・長崎に通じる要路であって、単に一県の産業経済だけの問題ではない。

このようにいずれも重要であるが、同時に起工した場合、毎年度の支出は臨時改築費だけで七、八万円を下らない。そうなれば財政負担に堪えられないであろう。しかし「二路線の改築は、本県永遠の利益たりと確信するを以て」県債十万円を募集して、三十六号線は川登以南について二十六年度中に着手竣工させ、佐賀県道は原案のとおり、二十六年度より向こう三カ年を期して竣工させるべきである。

このあと小吉は意見書提出の理由を補足説明している。要するに、二つの路線とも重要な道路であって「県民にとって永遠の利益」であるから、この際県債を発行して将来の大分県民にも負担してもらおうというのである。参考のため、議事録から小吉の説明部分を引用しておきたい。

二十六番小幡小吉、意見書提出ノ理由ニ就《つ》キ陳《の》ベテ曰《いわ》ク

此諮問案ノ如ク、両線路共ニ起工シタキハ勿論ナレド、然（ママ）カモ本県経済上ノ許サザル所アリ。昨年ハ三十五号線路ノ工事ヲ起シ、又三十六号線路ニ及ボシ、加之《これにくわえて》佐賀県道工事ヲ起シ、七万五千円ノ県費ヲ支出スルトセバ、県下ノ負担ニ堪ヘザルヲ慮《おもんぱか》リ、其ノ負担ヲ一時ニナサシメザル様致サンガ為メ、県債ヲ起サント欲スルナリ。此ノ取調ベノ元素ハ敷地家屋買上ゲノ困難ナリ。已ニ三十五号線ノトキニ当リ、継続事業トナリシヲ以テ、初年ヨリ二年三年ト次第ニ苦情ノ申立テニ付キテモ巧者トナリ、頗《すこぶ》ル困難シタルハ事実ナリ。故ニ出来得ベキ丈ケハ一時竣工致シ度キナリ。依テ三十六号線ノ方ハ川登以南ノ地丈ケ一時ニ竣功セシメタク、尤モ此ノ方ハ敷地ハ買ヒ上ゲザルヲ得ズ。而シテ佐賀県道ノ方ハ継続事業ト致シタシ。此ノ県道ノ方ハ沿道人民ノ希望尤モ高キヲ以テ、敷地等ハ多分寄附モアルノ模様ナリ。是レ等ノ元素ヲ以テ意見書ヲ提出シタルナリ。又三十六号線ト佐賀県道トハ両案ノコト故ヘ、一案宛《ず》ツ区別シテ議スベキモノト考フ。唯本員等ノ意見書ヲ提出シタルハ、三十六号線ニ付キ意見ヲ異ニスルモノニテ、佐賀県道ハ諮問案ヲ賛成スルモノナリ。併シ一方ニ於テ意見ノ通過セザルトキハ、随《したがつて》而他方意見ノ変更スルコトアルベシ。此段一言シ置ク。

小吉らの意見に対して、36号線の川登以北の工事が延期されるのに反対する者、また県債の発行に反対する者がいたが、数回の討議を重ねた末、最終的には小吉らの提出した県債発行案が承認され、36号線の川登以南とともに佐賀県道も同時並行して整備されることになった。

ところが、この決を採るため議長が起立を求めたとき、小吉らの提案に反対する前田利功が自席に黙立したまま、議長の着席の指示にも従わず、議事の進行を妨害した。議長はついに警察官に命じて前田を退場させたのであるが、議案の裁決が終わると議長は前田に復席するように命じた。これに対して小吉は猛然と反対して、「議長は復席を命じると言うが、府県制三十条には当日の会議を終了するまで、発言禁止または退場を求めるべし、とある。本日中に復席を求めるは穏当ならず」と主張した。再び議場は賛否両論に分かれたが、採決の結果、小吉の意見は支持少数で否決されている。

ところで佐賀県道とは、大分・別府方面から玖珠・日田を経て久留米・佐賀に通じる道路であって、玖珠町内で見ると、豊後森駅前を通り春日十字路の交差点を経て四日市の村中を走っている。玖珠郡内ではＪＲ久大本線とほぼ並行している。

明治三十七（一九〇四）年春刊行の『大分県社寺名勝図録』の中から四日市の「村社天満社境内之図」を見ると、天満社の下を通る佐賀県道が描かれている。今でも決して大きな道ではないが、当時は多分もっと小さな道であったと思う。しかし人力車か馬車しかない当時ではまさに幹線道路であった。現在で言えば国道210号線に相当する。同国道は九州山地を横断する重要な幹線道路の一つであって、大分県はもとより北部九州の産業発展と地域振興に極めて大きな役割を果たしている。

4　県民の建議の扱いをめぐって

明治二十五（一八九二）年十一月一日開会の通常会において、県に対する県民からの建議の扱いについて知事が次のような趣旨の報告を行った。

従来、本会においては、人民の建議を受理し、議員の参考のため朗読するのが慣例であったが、その筋よりの通牒もあったので、今後それは行わないこととなった。

今後県民からの建議は、議会には報告しないことにするというのである。これより前、各府県知事に対して内務省県治局長からの通牒があって、知事の発言になったのであるが、県会としては、建議は知事だけでなく県会にも報告されるべきであると主張したため、論戦が繰り広げられた。まず口火を切って反対したのが小吉である。

知事ノ通牒ハ、県治局長ノ府県制ノ解釈ヨリ出タルモノナルヘシ。本員ハ之レニ服スル能ハス。若シ建議アラハ、委員ヲ予撰シ置キテ其朗読スヘキヤ否ヤヲ定ムルハ可ナリ。然レトモ「マルデ」受理スルヲ得ストノ通牒ニハ服スルヲ得サルナリ。

小吉が言うには、県民からの建議を朗読してはならないというのは、まるで建議を議会が受理してはならないかのようだ、このような通牒には服することはできない。県民からの建議があれば、委員会を設けて朗読すべきかどうか詮議してもいいではないか、という提案である。それにしても「本員はこれに服するあたわず」との言葉は、それまで県会の権限が政府の力によって制約され続けてきたことに対する小吉の憤懣が感じられる。

さらに小吉の同士である山口半七は、府県制そのものに問題があるのではないかとの疑問を提起している。要約すると次のとおりである。

局長から一片の通牒がきたからと言って、議場で朗読することもできないというのは遺憾千万。県民から建議された趣旨を参考にするのは、予算を審議する上で頗《すこぶ》る重要である。府県制十五条に明文がないからといって、従来どおり朗読していっこうに差し支えない。さりとて法律に禁じられていないからといって、何でもできるわけではない。全体に、府県制は漠として不完全なようだ。委員四、五人を選んで調査すべし。

山口半七（『大分県の耆宿山口翁』より）

しかし県属鶴田正義は、政府の意見を代弁する立場から、「（議会の権限が実質的に予算審議に限定されている）府県制の下においては、議会に施策立案の権限がないのであるから、人民の建議を受理することはできない。議会には議会の考えもあろうが、できないことはできない」とつっぱねた。このとき小吉をはじめ山口、前田ら五人が委員に選ばれてはいるが、知事の提案が取り消されなかったのは言うまでもない。

5　県会議員としての小吉

明治十二（一八七九）年に大分県会が設置されてから、同三十八年までの二十七年間に県会議員として在職した人は、総計で二百五十九人いる（大分県編『大分県会史』明治四十二年）。

在任期間が最も長いのは、南海部郡下堅田村の清田良作の十七年六カ月、次は南海部郡佐伯町の中島固一郎の十五年九カ月である。小吉は彼らに続いて上位から数えて六番目に位置する長さである。通算で十二年五カ月に及んでいる。

小吉は議長や副議長にはなっていないが、参事会員になっている。参事会員は設置当初は常置委員といい、明治十四年の第三回臨時議会において、六名をおくことに決定され、委任事項の決議や会計検査を行うことになった。議員の中から見識ある議員が選ばれる建前であった。その後、同二十四年の府県制の施行により参事会員と改称され、当初四名、後に七名となった。名誉職的な色彩も強く、なり手が多くて競争が激しいために、任期は一年と短いものであったが、小吉も参事会員に推薦されている。

ところで県会の論争を見てみると、県会の権限が実質的に予算審議に制約されているとはいいながら、備荒儲蓄法の改正、郡長公選制の要求、選挙権・被選挙権の拡大など、法制度の改正案が多く見られる。

県議会初期の県会議員たちは、高い見識を持っているという自信と、常に世論を代表するという自負をもって行動していたように思われる。

小吉は二十歳代後半で県会議員になっているが、その言動を見ても自分自身の確かな視点を持って、自分の信じるところに従って行動した人であった。また多分に一本気なところがあったように思う。しかも弁舌さわやかなところがあったらしく、県会でもよく発言をしている。大分県会議事録は大分県にすべてがあるわけではなく、一部は国立国会図書館にも所蔵されており、マイクロフィルムにもなっている。閲覧は可能である。一度議事録を通読してみるのもおもしろいと思う。

なお当時の県会では、議場における席次が抽選によって決定されている。次に改選時および退任・辞任時における小吉の座席番号を紹介しておきたい。実に七回も座席番号が変わっている。これも議員歴の長さを物語っている。

明治十四年一月の補欠選挙　二十一番
同十七年二月の再選　四十七番
同二十一年一月　十六番
同二十四年八月の改選　三十七番
二十六番　同二十六年八月に抽選で退任
同二十六年八月　二十三番
二十九番　同二十九年四月に辞任

第八章　県会議員辞職と台湾総督府勤務

1　改進党の衰退と小吉の議員辞職

中央における立憲改進党創立者の中に大分県出身者が多かったこともあって、大分県会の中にも改進党の議員が多い。これに対して、県知事寄りの豊州会（後の国民協会、豊国同士クラブ、政友会大分県支部）は少数派であったが、衆議院議員元田肇が国民協会に入ると、国民協会の県支部へと再編されていく。

明治二十五（一八九二）年の佐賀県道問題の対立は、改進党と豊州会の対立を明確にしたが、このとき中立派が小吉らの県債発行案に賛成したことによってかろうじて可決された。しかしこの後、改進党の党勢は次第に衰え、かわって豊国同士クラブが台頭してくる。同三十二年の県会議員選挙において、豊国同士クラブが大きく議席を伸ばし、正副議長を独占するに至った。

明治二十九年三月十一日、第三十二回臨時会が開会され、明治二十八年度歳入歳出追加予算ほか九件について審議され、同月十七日に閉会となった。県会議員としての小吉が出席した最後の県会である。

小吉はこの後同年四月、突然に議員を辞職した。同年六月、補欠選挙が行われ、玖珠郡万年村の武石橋次が選出された。

実は後述するとおり、この直後に小吉は台湾に渡っている。多分、台湾に渡るために辞職したのであろう。しかし何故に台湾なのかは分からない。手紙か日記でもあればいいのだが、手掛かりはない。母から聞いた話では、小吉宛の大隈重信や西郷従道及び小村寿太郎からの手紙があったと言うが、どこに行ったのか分からない。むかしミセが大事に持っていたという、そのような資料を探し出したいものである。

ところで、県会議員としての小吉を見ても分かるとおり、血気盛んな男だったようである。もともと狭い日本よりも台湾など海外の方が性に合っていたのかも知れない。政府や県令による弾圧を受けながら、豊州立憲改進党の幹部として県会で論陣を張った背景には、若い日に咸宜園あるいは横浜の英語学校や東京湯島の共慣義塾で身につけた広い視野と識見があってのことと思われる。

2　台湾に渡った時期

母八千代も、また松木の小幡家も、「小吉は台湾に渡って総督府に勤めていたが、マラリヤに罹《かか》って帰ってきた」と言う。しかしそれがいつ頃のことなのか長い間分からなかった。資料もないのでやむなく、いろいろと推理を働かせてみた。

小吉は十八歳で家督を継ぎ、二十六歳で結婚し、翌年二十七歳で県会議員となっており、以後明治二十九（一八九六）年四月に辞任するまで、断続的ではあるが通算十二年五カ月間にわたり県会議員を務めている。もし台湾に行ったことがあるとすれば、結婚前の二十歳代前半か、あるいは県会議員を辞した後、大正三（一九一四）年に六十歳で死去するまでの間、そのいずれかということになる。

ところで台湾が日本の領土となったのは、日清戦争後の明治二十八年四月十七日、伊藤博文首相と陸奥宗光外相を全権として、清国の全権・李鴻章との間で日清講和条約が調印されてからである。これが下関条約である。日本は清国に対し、朝鮮独立の承認、台湾・澎湖諸島・遼東半島の割譲、賠償金二億両《テール》（日本円で約三億円）の支払いなどを承認させた。これにより日本は朝鮮から清国の勢力を一掃し、大陸進出の第一歩を踏み出したのである。

日本の植民地となった台湾を統治するため、同年五月、台湾総督府が設置され、初代総督には海軍大臣樺山資紀《かばやますけのり》が任命された。そして昭和二十（一九四五）年の日本の敗戦によって廃官となった。

したがって小吉が結婚した明治十三年の時点では、台湾はまだ日本の統治下にはなく、もちろん総督府もない。もし小吉が台湾総督の辞令を受けたとするならば、小吉の晩年ということになる。しかし小吉が県会議員を辞職したとき四十二歳、このような年齢で台湾に渡るとは思えず、正直なところ小吉の台湾行きは何かの間違いではないかと思ったものである。

ところが二度目に大分県立図書館を訪ねたとき、明治三十七（一九〇四）年五月五日発行、大悟法雄太郎編『大分県紳士録』の中に小幡小吉の名前を見つけることができた。

明治二十九年翻然《ほんぜん》身を官海に投じ、台湾総督府属として渡台し、大嵙崁撫墾所詰を命ぜられ、後更に基隆《キールン》支庁詰を命ぜられ、執心勤務中病を得て、翌三十年遂に退官帰郷の止む可らざるに至れり。

そこで、かつて調べたことのある台湾総督府の職員録（日本図書センター編『旧植民地人事総覧』）を思い出した。総督をはじめとする総督府の職員はもちろん、地方の法務院・郵便局・小学校・病院の職員、そして当時は公務員であった台湾神社の神官、灯台守、現地採用の無給の通訳等々、要するに全ての職員名が登載されていた。隈なく探したつもりであったが、そのときには小吉の名前を見つけることはできなかった。

今回、再び『旧植民地人事総覧』の台湾編一を開いてみた。すると「明治二十九年十一月一日現在」の名簿に、次のとおり小吉の名前が記載されていたのである。

大嵙崁撫墾署《ぶこんしょ》　台北県大嵙崁

主事　七等五級

署長　従七　宮原藤八

書記

三　分任収入官吏　小幡小吉　八　分任現金前渡官吏　川南亀之助

技手　八　幕山繁治

小吉が県会議員を辞職したのが同二十九年四月であり、同年十一月現在の台湾総督府の職員名簿に記載されているところを見ると、小吉が台湾に渡ったのは議員辞職後間もない頃のことであったと思われる。

なお小吉が議員を辞職した同二十九年四月、初代の樺山総督に代わって陸軍中将桂太郎が総督となった。在任わずか四カ月で、同年十月には乃木希典が三代目総督となっている。乃木総督の在任は一年四カ月。当時は日本統治の基礎づくりの時期であり、台湾人の武力抵抗を鎮圧することが最大の課題であり、「土匪《どひ》」と呼ばれるゲリラとの戦いに明け暮れていた。

3　小吉が勤めた大嵙崁撫墾署

小吉の勤務地は初めは大嵙崁の撫墾署であったが、後に基隆支庁に移っている。大嵙崁とは、台湾の首都台北市街を流れる淡水《タンシユイ》河《ホウ》の上流大漢渓を遡ったところにあり、現在の地名では桃園《タオユアン》県の大渓《ターシー》である。台北からバスで約一時間三十分、清朝時代からの古い町で、かつては大漢渓の河港として繁栄した。

小吉が大嵙崁に入る一年前、明治二十八（一八九五）年六月、日本は台北から南進を始めている。まず先遣部隊の近衛師団第二聯隊が六月十九日未明、台北から南へ約八〇キロの新竹《シンチユウ》城を目指して出発した。途中で義勇軍のゲリラ攻撃を受けながら、同月二十二日、ようやく新竹に入城したが、奪回を目指す義勇軍の執拗な攻撃を受けて守勢にまわらざるを得なかった。南進基地としての新竹の安全確保のためには、北部山岳地帯を拠点とするゲリラの掃討が最重要課題となっていた。大嵙崁とその周辺で組織された義勇軍は三千人を超え、日本は第三連隊歩兵第一大隊・同第二大隊、砲兵第四中隊、工兵一個中隊、騎兵一個小隊などを投入し、苦戦しながらようやく掃討したものの、後続部隊が通過するときには再びゲリラとの銃撃戦になったという（喜安幸夫『台湾の歴史』）。

日本の台湾統治は、大陸の清国が日本との戦争に負けたからであるが、現地の台湾の人々にとっては実に迷惑な話である。突然我が身にふりかかってきた災難を運命として受け容れる者もいたが、徹底して抵抗しようとする者もいた。後者が義勇軍であり、ゲリラである。

小吉が大嵙崁に赴任するのはゲリラ掃討戦の翌年のことであり、戦火の傷跡も生々しい現状に直面したのではないかと想像する。治安の程度は分からないが、小吉も義勇軍のゲリラ活動に悩まされたものと思われる。

また撫墾署とは台湾総督府の部署名である。「台湾総督府撫墾署官制」（明治二十九年三月勅令第九十三号）によれば、その業務などは次のとおり。

一　台湾総督府撫墾署ハ左ノ事務ヲ掌ル
　一、蕃民撫育《ぶいく》、授産、取締ニ関スル事項
　二、蕃地ノ開墾ニ関スル事項
　三、蕃地ノ山林、樟脳《しょうのう》製造ニ関スル事項
一　各撫墾署ヲ通シテ左ノ職員ヲ置ク
　主事　　十一人　奏任
　主事補　百四人　判任

一　主事ハ各撫墾署長トナリ知事、庁長ノ指揮監督ヲ承ケ署中一切ノ事務ヲ管理ス
一　主事補ハ署長ノ指揮ヲ承ケ庶務、技術、通訳ニ従事ス
一　撫墾署ノ名称、位置及び管理区域ハ台湾総督之ヲ定ム
一　知事、庁長ハ台湾総督ノ認可ヲ経テ須要ノ地ニ撫墾署ノ出張所ヲ置クコトヲ得

台湾人に対する撫育・授産や開墾、そして樟脳製造のために設置された機関であるが、統治初期の段階では植民地行政の基礎となる、土地や人口及び風俗・慣習などの調査を行っている。小吉はその部署で収入関係事務に従事しているが、具体的に何をしていたかは分からない。

前掲の『大分県紳士録』では、その後小吉は基隆支庁に勤務したとされており、また昭和八（一九三三）年に大分新聞社出版部から刊行された衛藤庵『党人郷記』では、より具体的に基隆支庁の長を務めたと記されている。ところが『旧植民地人事総覧』を見ると、明治三十（一八九七）年当時の台湾総督府に基隆弁務署はあるが基隆支庁という組織はない。同書をめくっていくと、基隆に総督府の地方官制として基隆庁が置かれるのは明治三十四年十一月のことであるから、小吉が勤務したのは基隆弁務署ではなかったかと思う。しかし、『旧植民地人事総覧』の明治三十一年の職員名簿は十一月一日付で作成されているため、小吉の名前は既にない。名簿が作成されるまでの間にマラリアのため辞職し、帰国したのではないかと思う。小吉の長女ミセが、台湾総督府における小吉の辞令を持っていたというが、今では所在が分からない。

なお、基隆は台北から東へ約三〇キロの所にあり、三方を山に囲まれた天然の良港である。台湾が日

本領になって後、日本と台湾を結ぶ港として急速に港湾施設の整備が進められた。

4　分からない渡台の理由

先に見たとおり、小吉が台湾に渡ったのは、日本の統治が始まって間もない頃のことである。日本による統治は、武力で抵抗する台湾人を鎮圧することに始まっており、その攻防の最中にあったはずである。このような混乱の時期に、県会議員の職を捨て妻や子とも別れて、何故に台湾に渡ったのか理解できない。

それまでの小吉の生涯を振り返ってみたとき、自由民権運動の勃興とその衰退とともにあったように思う。明治初期の藩閥政治に対する批判は、明治七年の民選議院設立建白書を口火として、国会開設・憲法制定を求める自由民権運動として全国的な広がりを見せた。政府の厳しい弾圧を受けながら、商工業者・地主・知識人らを中心にして、自由党及び立憲改進党が結成され、政府との対決姿勢を強めていく。その後、深刻な不況下での急進派の暴動や政府による弾圧と懐柔によって運動は分裂し、また政府との妥協によって衰退し、ついには明治二十二（一八八九）年二月の大日本帝国憲法の発布、そして翌年七月の第一回衆議院議員選挙によって幕を下ろすことになった。政党の再編が進む中で、その後も小吉は大分県の県会において佐賀県道の整備問題などで活躍する。渡台は、それからわずか三年半程後のことである。

一体、小吉の内面に何が渦巻いていたのか、また本来の欲望・目標は何だったのであろうか。むかし、西郷従道からの手紙もミセが持っていたらしいが、手紙か日記があればともかく、資料の全くない現状では本人の内面の思いは分からない。

ところで、長男山麓も小吉の影響を受けたのではないかと思う。運行寺の倉庫の中で山麓の愛読書と思われる本を数冊見つけた。その中の新光社刊『世界地理風俗体系』を見ると、世界各地の地理や歴史・文化、原住民の風俗・風習などが紹介されており、特にインドシナ、ミンダナオ、スマトラ、フィリピン、ジャワなどの記述部分には赤エンピツで線が引かれており、また随所に書き込みがなされていた。山麓が東南アジアに高い関心を持っていたことがうかがわれる。

新光社刊『世界地理風俗体系』には台湾編があるはずなのに、運行寺の倉庫ではそれを見つけることができなかった。山麓が台湾編にどんな書き込みをしていたのか、いささか気になるところである。

第九章　初期の衆議院議員選挙

1　第一回衆議院議員選挙

明治二十二（一八八九）年二月十一日、大日本帝国憲法が発布され、同日、衆議院議員法、衆議院議員選挙法、貴族院令が公布された。そもそも自由民権運動は憲法制定と国会の開設を要求して勃興したのであるから、大きな転換点を迎えたことになる。

ところがその翌日、黒田清隆総理大臣は、「政府は、……超然として政党の外に立ち」と演説をし、政党の意見に左右されることなく、国家本意の政策を実施推進していくことを改めて表明した。いわゆる超然主義の標榜であり、この後も政党の意向に左右されることなく、不偏不党の立場から国家本意の政策を遂行することを宣言したのである。しかし政党を無視しては、内閣を組織することも難しくなるのは後述のとおりである。

第一回衆議院議員選挙は翌年七月に実施されているが、まずその選挙制度についてみると次のとおりである。

①選挙権は、満一年以上直接国税（地租と所得税）十五円以上を納めた満二十五歳以上の男子に限られている。大分県で見れば、有権者は五千九百四十人であり、全人口七十八万八千人余のわずか〇・七五％にすぎなかった。

②被選挙権は選挙権資格と同じ。

③選挙区は原則として小選挙区制であり、一選挙区からの当選者は原則一名。

なお大分県における選挙区割は次のとおり。

一区　大分郡　　　　　二区　北海部郡・南海部郡

三区　大野郡・直入郡　四区　速見郡・日田郡・玖珠郡

五区　西国東郡・東国東郡　六区　下毛郡・宇佐郡

④投票は、投票用紙に選挙人の住所・氏名を記載し捺印するという公開・記名制。

⑤立候補という制度はなく、候補者が誰であるかは新聞広告と現実の選挙運動によってのみ知ることができる。

次に貴族院議員の構成を見ると、①皇族、②公侯爵、③伯子男爵各々の中から互選された者、④勲功者・学識者中から選ばれた者、⑤各府県多額納税者十五人中から互選された者であった。明治期、大分県からの多額納税議員としては、水之江浩、佐藤国彦、清瀬善三、武石橘次がいた。

第一回衆議院議員選挙は、明治二十三年七月一日に行われている。その結果、総議席数三百席のうち、民党は立憲自由党百三十名、立憲改進党四十一名、合計百七十一議席を占め、これに対する吏党は大成会七十九名、国民自由党五名、無所属四十五名の大部分は吏党派で、計百二十九名であった。予想に反して、反政府党の民党が政府党・吏党を上回る議席を獲得した。しかし議院内閣制がとられていないため、議会で多数を占める政党が内閣を組織するというわけではなく、藩閥政府は政党政治家を圧倒していわゆる「超然内閣」を存続させ、第一次山県内閣が組織された。

山県内閣は、富国強兵と殖産興業を基本方針に据えてこれを推進した。対する民権派の政党は、民力休養と経費の節減を主張して対立した。

2　第二回衆議院議員選挙

第二回総選挙は明治二十五（一八九二）年二月十五日に行われているが、それを目前にした同年一月二十八日、明治憲法第八条に基づく警察命令として「予《よ》戒令《かいれい》」が公布された。表向きには「公共の安寧秩序を保持する」ことを目的としているが、第一回総選挙で敗北を喫した政府が、民党の活動を封じ込めるために行使されている。

予戒令の発動権限は地方長官である県知事にあり、違反者には罰則を適用することができた。対象者は、一定の生業を持たず、平素粗暴の言論行為を行う者、他人の開設する集会を妨害した者またはしようとする者、他人の業務行為に干渉してその自由を妨害した者またはしようとする者であった。野党の候補者に利用される可能性の高い「壮士の輩」を取り締まるための法令である。また未然の行為を取り締まったり、裁判を経ることもなく刑罰権を行使するなど、今日の基本的人権の理念に照らせば、人権侵害も甚だしい悪法である。
第二回目の選挙が行われた同二十五年二月、時の松方内閣は議会において政府与党を国会における多数党にするため、各地の地方長官などを動員してあらゆる選挙干渉を行った。第一回選挙が極めてまじめに行われたのに対し、二回目の選挙は金力・権力・暴力といった、いわゆる選挙の三悪が駆使された選挙であった。

ところで明治時代においては、政治活動に暴力はつきもののようである。大分県発行の『大分県史近代篇Ⅱ』は、次のとおり「大分新聞」（明治三十二年五月一日号）から傷害事件の記事を引用している。明治三十二年春、西国東郡高田町（現在の豊後高田市）で開かれた減租同盟主催の政談会の場に反対派が乱入した事件である。

高田町旅店柳糸郷を出て、（中略）突如数十名の暴漢木石を投げて、（中略）巡査止むを得ず抜剣して之を制止し、暴漢はすべて之を取り押さえ、警察の手にて捕縛、直ちに検事に交付せり。立憲政体の下にある政治上の争いは、単に言論を以て之を決すべきものにして、決して腕力又は金力に依頼すべきものに非らざるは二十年来憲政の樹立を唱えたる政党員の熟知する所ならんに、今や中央の政界は金力を以て其の争いを決し、地方は往々腕力を用いるの蛮風は免れず。

地元の「大分新聞」は、当時の政界において金力と腕力に依存する悪風がはびこっていることを厳しく批判している。

次は政争の激しかった高知の事件であるが、明治二十五年四月八日付の「豊州新報」も次のように報じている。

一昨三十日、県下香美郡在所村に於いて、自由党員無認可にて屋外集会を催さんとするより、警部一名巡査数名現場に出張して之を解散せしめんとせしに、午後九時頃暴徒凡《およ》そ千五百名許《ばかり》。群衆は警官を囲みて、瓦石を投じ又発砲し、巡査五名を傷つけたり。右に付き昨夜当地より警部は二十余名の巡査を率いて同郡に出張したり。

また、当時の選挙には多額の買収費が必要であったらしく、明治三十一年八月十八日付の「大分新聞」は次のように報じている。

大分第二区　「投票買収費千五百円」

元来悪《にく》むべきは運動屋どもにて、彼等は勝とうが負けようが其の辺には更に頓着なく、只だ旨《うま》く運動費を引きずり出して己の腹さへ肥やせば足れりと為し（略）

買収といふも実際の選挙人に金子《きんす》を渡したるは極めて寡《すくな》く、其の渡したるは只だ村内にて小八釜《こやかま》しき連中のみにて（略）

其の買収費なるものは、其の村の重立たる連中及び運動屋どもが着服したるものなりともいへり

（略）。

この記事は、明治三十一年八月に行われた第六回衆議院議員選挙に関するものであるが、このときの最大の激戦区・第二区においては、千五百円という大金を買収費に使った候補者がいたらしい。明治三十年当時の米の価格は一石すなわち一五〇キロが十円程度であり、これに対し現在の米の販売価格は一キロ当たり六百円位であろうか。これを基に換算してみると、当時の千五百円は現在の千三百五十万円位になるようである。

第十章　明治三十一年八月の第六回衆議院議員総選挙

1　小吉が帰国した当時の国政の動き

明治三十（一八九七）年か三十一年の年初、何月のことか分からないが、小吉はマラリアにかかって台湾から帰ってきた。そして再び政治活動を始めている。

日清戦争終結後、明治二十八年四月、下関で日清講和条約が調印された。戦争中は戦争遂行のために政府と政党は政争を中止していたが、戦後の政治運営をめぐって再び動きが活発になり、第二次伊藤内閣は自由党と共同歩調をとって、同二十九年には自由党の板垣退助が内務大臣として入閣した。ところが同年九月に成立した第二次松方内閣は、立憲改進党の後身である進歩党（同年三月結成）と提携し、進歩党の大隈重信が外務大臣として入閣した。松隈《しょうわい》内閣である。自由党も進歩党も政府との連立内閣を経験することにより、次第に勢力を伸張していった。

同三十年十二月開会の第十一帝国議会では、日清戦争後に急激に膨張した財政需要に対して、地租及び酒造税の増税で対応しようとする予算案が提出されていた。しかし内閣不信任案が上程され、松方内閣が総辞職し、地租及び酒造税の増徴案は審議に至らぬままとなった。そして明けて正月十二日、第三次伊藤内閣が組織された。

同三十一年三月十五日に第五回衆議院議員臨時総選挙となり、五月十九日、第十二帝国議会が開かれた。政府は前内閣の予算編成計画を踏襲して、地租及び酒造税の増徴案を提出したが、二十七票対二百十七票という大差で否決され、衆議院解散をもって対抗した。進歩党と自由党が合同歩調をとって伊藤内閣と衝突したことにより、このような大差となったのである。

伊藤は大隈あるいは板垣との連携の道を探っているが、いずれも不調に終わっている。そのような状況の中で、六月二十二日、進歩党と自由党が合同して憲政党が結成されると、ついに伊藤は内閣を投げだして後継に大隈重信と板垣退助を推挙し、六月三十日、我が国最初の政党内閣が組織された。いわゆる「隈板《わいはん》内閣」である。内閣総理大臣兼外務大臣に大隈重信、内務大臣に板垣退助、文部大臣に尾崎行雄、そして海軍大臣の西郷従道と陸軍大臣桂太郎は留任となっている。

大分県下においても、中央の動きに呼応して、七月三十日に中津で、翌日には大分で憲政党大分県支部の発会式が開かれている。八月十日の第六回衆議院議員総選挙の直前である。

このとき憲政党大分支部の支部長には山口半七が就任したのであるが、その後に支部幹部の交代劇があったらしい。立憲民政党大分県支部発行『大分県の耆宿山口翁』によれば、小幡小吉、清田良作、佐藤通生、近藤慎ら「少壮」の連中が支部の主導権を握ったことがあるらしいが、長くは続かなかったようである。

グループのトップに小吉の名があるところを見れば、小吉は若手をまとめるリーダー的な存在であったと思われる。

2　憲政党の公認候補

大分県における衆議院議員選挙の模様について、憲政党大分県支部の機関紙「大分新聞」（大分県立図書館所蔵）の記事から見てみよう。次は第六回衆議院議員総選挙時、明治三十一（一八九八）年八月十日発行の「大分新聞」である。

我が党は左の諸氏を衆議院議員候補者に選定す。

明治三十一年八月二日　　憲政党大分支部

第一区　箕浦勝人　　第二区　小栗貞雄
第三区　上原鹿造　　第四区　廣瀬貞文
第五区　清末新郎治　　第六区　江島久米雄

衆議院選挙応援として左の諸氏出張す。

幹事　後藤嘉一郎
幹事　後藤喜太郎
党員　佐藤庫喜
同　安東藤太郎

同　佐藤明潔

第三区へ

幹事　小幡小吉

党員　近藤　慎

同　藤波久文

第五区へ

幹事　大津淳三

党員　後藤田鶴雄

同　野中成美

同　姫野親久

同　藤田筆吉

同　増川蚶雄

同　木村宇太郎

第二区へ

憲政党大分支部

八月十日付であるから、選挙の投票当日の新聞である。当時の衆議院議員選挙には、立候補の届け出という制度はない。有権者は政党の機関紙や現実の選挙運動によって候補者を知り得るのみである。

憲政党大分県支部では、県下六つの選挙区すべてに候補を立てている。小吉の居住する玖珠郡は速見郡及び日田郡とともに第四区に属しているが、小吉の名はなく廣瀬貞文とある。廣瀬青邨の長男貞文すなわち濠田である。貞文は明治二十三年七月一日の衆議院議員選挙に当選して以来、連続三回当選を果たしているベテラン代議士である。従来は立憲改進党と鋭く対立した国民協会派であったが、明治三十一年三月に行われた第五回選挙の頃には既に協会を離れていたらしく、同年八月の第六回選挙では貞文と小吉とが同一選挙区で競合することになった。小吉の県会における行動や憲政党大分支部内の役割からして、候補になってもおかしくはないが、党としては新人の小吉よりも実績のある貞文を候補に選んだもののようである。

特別廣告
我黨は左の諸氏を衆議院議員候補者に選定す
明治卅一年八月二日　憲政黨大分支部
第一區　箕浦勝人
第二區　小栗貞雄
第三區　上原鹿造
第四區　廣瀬貞文
第五區　清末新郎治
第六區　江島久米雄
衆議員撰擧應援として左の諸氏出張す
幹事　後藤嘉一郎
幹事　後藤喜太郎
黨員　佐藤庫喜
同　安東藤太郎
同　佐藤明潔
第三區へ
幹事　小幡小吉
黨員　近藤償
同　蜷波久文
第五區へ
幹事　大津淳三
黨員　後藤田鶴雄
同　野中成美
同　姫野親久
同　藤田筆吉
同　増川蜡雄
同　木村字太郎
第二區へ
憲政黨大分支部

衆議院議員候補者選定を報じる「大分新聞」（明治31年８月10日付）

　またこの記事からすれば、選挙期間中に小吉は第五区（東国東郡、西国東郡）へ選挙応援のため出張していたことが分かる。選挙終了後、八月十四日の「大分新聞」には、選挙期間中留守していたことを他の同僚と連名で党員に詫びている。どうも小吉は選挙期間中ズーッと国東半島に行ったままだったようである。

　選挙は第二区（北海部郡、南海部郡）、第三区（大野郡、直入郡）、第五区（西国東郡、東国東郡）では競争があったらしい。党の幹事が応援のため派遣されたのは、これらの選挙区である。次も明治三十一年八月十日の「大分新聞」である。最大の激戦となった第二区において、憲政党が押す小栗派の優勢が伝えられている。

県下において第一区、第四区、第六区は皆一人舞台にして、競争あるは第二区、第三区、第五区なるが、内最も激烈なるは第二区における小栗、古手川の対戦なるが如し。古手川派は金力を以て小栗派は正義を以て何れも負けず劣らず火花を散らして競争中。一時は余り古手川派の卑劣運動のため毒矢に触れて小栗派も中々苦戦なりしかど、邪は終に正に勝たず。

十二日前より小栗派は漸次勢力を得て、昨今北海部郡市村の全部は挙って小栗氏を推し、尚川添、神馬木、佐賀関、西大在の各村は何れも味方七分強、敵三分足らずの有様にて、内輪に見積るも北部二百票の中、六分小栗派、四分古手川派と見ば、大差なかるべし。又南海部郡の全部は無論小栗に属し、北海部郡の中南部は味方四分、敵四分の間にあれば、勝敗の数は他言するを須《また》ずして知るべし。

第一区（大分郡）、第四区（速見郡、日田郡、玖珠郡）及び第六区（下毛郡、宇佐郡）はひとり舞台、すなわち憲政党の当選が確実であると報じている。次も同日の「大分新聞」の記事である。

県下競争なしで当選する一人舞台が三人ある。曰く一区の箕浦勝人氏、曰く四区の廣瀬貞文氏、曰く六区の江島久米雄氏、一人角力《ずもう》ではドウヤラ勝ったようにないとは誰やらの欲張り口、是には陶侃《とうかん》も三舎《さんしゃ》を避くるであろう。

【参考】三舎を避ける＝相手を恐れて近づかないこと。出典は「左伝僖公二十三年」（『広辞苑』）。なお陶侃とは東晋の名将。

箕浦勝人、江島久米雄は県会議員の経験もあり、旧立憲改進党の中心人物であり、また前述の廣瀬貞文は国民協会派から鞍替えしたベテラン議員である。いずれも当選確実であることを自慢げに表明している。次も同日の「大分新聞」である。

豊州新報に第四区に廣瀬の勁敵《けいてき》が現はるると書いてあったが、誰かと思へば熊谷直義。ソージや豊州の頸敵とはアンなもんか、仮令《たとい》オーイオーイと扇を以て麾《さしまね》き、引き還して御勝負あれと言ったとて、真逆《まさか》廣瀬も敦盛《あつもり》でもあるまいに。しかしそれも今は立ち消えとなったとの事。

廣瀬貞文（草野富吉編『廣瀬淡窓先生咸宜園写真帖』より）

「豊州新報」は憲政党と対立する国民協会派の機関紙であるが、小吉や廣瀬の本拠地である第四区においては選挙前の一時期、国民協会派からも候補を立てる動きがあったようである。県会議員の経験もある熊谷直義の名が上がっていたらしい。

3　選挙の結果

選挙の結果はすぐに判明しており、明治三十一（一八九八）年八月十四日の「大分新聞」は各候補者の得票を次のとおり報じている。

各候補者得票数　　　開票確定の結果は左の通りなり。
第一区　八六八票　（当選者）箕浦勝人（憲政）
第二区　四七四票　（当選者）小栗貞雄（憲政）
　　　　二六〇票　（次点者）古手川豊次郎（准憲政）
第三区　五四四票　（当選者）朝倉親為（国民）
　　　　五〇三票　（次点者）上原鹿蔵（憲政）
第四区　六四五票　（当選者）廣瀬貞文（憲政）
第五区　六二六票　（当選者）元田　肇（国民）
第六区　八六四票　（当選者）江島久米雄（憲政）

県下六区のうち憲政党は四名を当選させることができたのだから、大勝利と言っていい。全国的に見ても、当選者総数三百人のうち憲政党が二百五十八人を占め、国民協会はわずかに十九人であり、残る二十三人は無所属である。「憲政党二百五十八人何ぞ其れ堂々たるや」と誇らしげである。圧倒的な勝利のはずであるが、明治三十一年八月十二日の「大分新聞」は、選挙を次のように総括している。

今度総選挙の結果は、憲政党四名、国民派二名となりたるも、両党勝敗の数より云ふ時は遺憾ながら、憲政党の大敗に帰せしものと謂はざるを得ず。即ち一区、六区の如き殆んど憲政党の独り舞台なり。三区は相手が一個人なり。両派の決戦場は全く五区及び三区に在り。然るに此の決戦場に於ては、脆《もろ》くも憲政党の敗に帰す。豈《あに》大敗と言わざるを得んや。殊に第三区の如きは我が党が最も重きを置きたるの所、而も失敗を取るに至りたるは、独り上原氏の不名誉に止まらず、県下憲政党の一大恥辱にあらずや。我が大分支部たるもの何の面ありて復《ま》た天下の人に対せんとかする。

競争のない、独り舞台で憲政党が勝つのは当然であって、党として最も重きを置いてきた第三区で負けたのは、候補者ひとりの不名誉にとどまらず、憲政党としても一大恥辱であると反省している。なお小吉の住所地である玖珠郡と速見郡、日田郡からなる第四区については、確定得票ではないと断りながらも、次のとおり当選者は廣瀬貞文であると報じている。

総数千三百四十四の内、廣瀬氏の得票六百六十余票にして、この区は他に競争者なければ、氏の独り舞台なり。その割合に投票の多からざりしは、地理険悪なれば棄権せしもの多きに因るならんか。

この区では「廣瀬の独り舞台なり」とあるように、他に競争する候補者はいなかった。

4　小吉の得票

ところがこの選挙では、第四区で小吉にも票が投じられている。前述のとおり他に競争者はいなかったはずなのに、財団法人公明選挙連盟編『衆議院議員選挙の実績』によれば、廣瀬貞文六百四十四票、次いで小幡小吉百五十三票、その他二百四十一票となっている。

選挙期間中、小吉は自分の居住地である玖珠郡を留守にして国東半島へ選挙応援に行っていたのであるが、なぜか百五十三票もの票が入っている。

前述のとおり、当時の選挙には立候補の届出制度はないから、現に選挙運動をしている人がすなわち候補者であって、有権者はそれを見て誰が候補者であるかを知ることができる。

だから、一人の候補者が複数の選挙区で得票するということも起こりうる。実際に第一回衆議院議員選挙では、元田肇は大分県一区と五区で両方とも当選し、五区を辞退して次点の候補が繰り上がって当選になったことがある。逆に言えば、全く運動をしなくとも、票が入ればそれは当人の得票になり、結果として候補者となってしまうのである。

選挙期間中、小吉は国東半島に行っており、他の候補の選挙応援演説に精を出していたはずである。

だが四区のうち速見郡を見ると、日田・玖珠両郡からは飛び地になっており、国東半島の付け根にある。国東における小吉の応援活動が、隣接する速見郡の有権者から見て小吉自身の選挙運動と勘違いされたのであろうか。

党の公認候補は廣瀬貞文であるから、小吉が党の方針に反して選挙活動を行ったとは思えない。もしそのようなことがあれば、「大分新聞」も記事にするはずである。小吉が得票した理由は、どうも小吉の方にあるのではなく、投票した側にあったように思われる。松木の小幡家に何か話が伝わっていないかと尋ねてみたが分からない。このとき小吉は四十四歳。

なお、先に「票が入れば結果的に候補者になる」と書いたが、得票した当人が衆議院議員の被選挙資格を持っていることが必要なのは言うまでもない。まず、満年齢が二十五歳以上の男子であって、地租と所得税を合わせて直接国税十五円以上を納めていなければならない。明治三十一（一八九八）年三月調査の末綱文雄編「大分県長者鑑」（渋谷隆一編『資産家地主総覧　大分県編』所収）によれば、小吉の納税額は十七円であるから立派な有資格者である。

また、選挙前の第四区において国民協会派の候補として熊谷直義の名前があげられていたが、これも小吉の得票と関連があるのではないかと考えてみた。しかし、今となっては真相は分からない。

ところで後に、昭和八年刊行の衛藤庵『党人郷記』の中に、「（小吉は）その後三十一年八月、時の憲政党から代議士の犠牲候補に立った」という記述を見つけた。しかし前述のとおり、明治三十一年八月の衆議院議員選挙で当選した廣瀬貞文は、小吉と同じ憲政党の所属であり、また小吉が自らの選挙運動を行ったとは考えられない。「犠牲候補に立った」という指摘は当たらないように思う。

5　選挙後の政党再編

上記のとおり、明治三十一（一八九八）年八月十日の第六回衆議院議員選挙において、憲政党は三百議席中の二百五十八議席を獲得して圧勝する。

ところが同年十月、尾崎行雄文部大臣が行った「共和演説」を契機として、旧自由党と旧進歩党の対立が表面化し、わずか四カ月で憲政党は分裂する。なお「共和演説」とは、尾崎が道義の昂揚を説く演説の中で、「もし日本が共和制となれば三井・三菱は大統領になるだろう」と日本の拝金主義を戒めたことが、天皇に対する不敬の言動として攻撃されて辞職に追い込まれたものである。

憲政党は分裂して、旧進歩党系は憲政本党を組織し、旧自由党系は新たに同名の憲政党を組織し直した。このとき小吉は、もちろん旧進歩党系の憲政本党に移っており、十二月には憲政本党大分県支部の発会式を開き、常議員に名を連ねている。廣瀬貞文も憲政本党に移っている。

帝国議会における地租増徴案に関しては、旧自由党系の憲政党は山県内閣と提携し、一転して賛成を決め込んだ。背景には、農村政党から都市の実業家をも広く巻き込んだ党基盤を作ろうとした党幹部の戦略があったと見られている（野田秋生『大分県政党史の研究』）。

他方、小吉が属する憲政本党は増徴反対の立場を貫いている。しかし最終的には、地租増徴案は憲政党と国民協会の賛成、それと憲政本党から脱党した六名が賛成に回ったことによってかろうじて成立する。このとき憲政本党からの脱退者の中に例の廣瀬貞文がいる。

伊藤博文は明治三十二年、政党づくりに着手し、全国各地での遊説を開始している。五月十四日、別府に着き、翌日大分で開かれた豊国同士倶楽部の発会式に出て演説をしている。国民協会大分支部も解散して同倶楽部と連携した。

その後、憲政党も伊藤に接近して、明治三十三年九月十五日、またたくまに新しく立憲政友会が結成されて、初代総裁に伊藤博文が迎えられた。すると大分でも、豊国同士倶楽部の中から立憲政友会へ加入する者も出始め、また憲政本党からも立憲政友会へ加入する者も出てきた。小吉もこのとき立憲政友会に移っている。しかしこの後、小吉が政治の舞台に顔を出すことはない。

なお、小吉はこれより前、明治二十九年四月に県会議員を辞任しているが、小吉以後の玖珠郡における県会議員の選出状況を見ると、同年六月の補欠選挙では万年村の庄屋である武石橘次が選出された。武石は、同三十一年十一月の第二十回通常会まで県会議員を務め、その後貴族院の多額納税議員となっている。

また、明治三十二年には府県会議員の新しい選挙法が施行され、郡会・市会による間接選挙から各郡を選挙区とする直接選挙になり、半数改選から一斉改選に制度が改正されている。

同年九月の選挙では、北山田村四日市の小幡範蔵が初めて県会議員に選出され、その後、同三十五年十一月の第二十四回通常会まで県会議員を務めている。小幡範蔵と小吉とは従兄弟の関係になる。

むすび

1　晩年の小吉と農工銀行

小吉にとって晩年とはいつからだったのであろうか。父利忠は四十五歳で家督を小吉に譲って隠居したが、小吉は死ぬまで隠居していない。どうも小吉には、いわゆる晩年とか余生というものはなかったのではないかと思う。明治三十一（一八九八）年八月の衆議院議員選挙後の小吉について、九州大学の九州文化史研究所（現在、九州大学附属図書館付設記録資料館九州文化史資料部門）所蔵の「千原家文書」から紹介したい。小吉が四十代中頃のことである。

まず「千原家文書」との出会いであるが、そのきっかけは衛藤庵『党人郷記』であった。同書により、小吉家没落の原因が水路開削の工事費を日田商人の千原家に借りたことに起因するらしいことを知り、また後に千原家文書が九州大学にあることも分かった。

平成十六年八月の残暑厳しい日、妻とともに福岡市東区箱崎にある九州文化史研究所を訪ねた。期待したとおり、「千原家文書」の中に、江戸時代後期巳八月二十四日付の小幡義介から千原幸右衛門宛

「預り」（資料番号一五一ノ一三二）、明治七年十月の松木村小幡利忠から千原家宛「金子借用添証文之事」（同八六二ノ三）、同九年二月二十四日付の小吉から利忠宛の「為替手形之事」（同一〇五二一）など、小幡家関係の史料十数点を見つけることができた。その中に、大分県農工銀行に関する二つの史料があった。一つは、明治三十三年十二月二十三日付の「契約書」（同六八九ノ一）であり、小吉も連署している。またもう一つは、巻頭（8～9ページ）に掲出した七月二十六日付の小吉自筆の「書状」（同八八一二）である。

先に農工銀行設立の背景を見ると、明治二十七（一八九四）年の日清戦争後、清国から得た賠償金を軍備拡張と産業振興に投入することによって、経済界は好景気を迎えて起業熱は高まり、会社や工場の設立が相次いだ。このような資金需要の拡大に応えて、中小の銀行が乱立する状況になった。大分県下でも当時約三十行の銀行があるが、そのうちほぼ半数は資本金が十万円以下である。過当競争の中で経営不振に陥る銀行も現れたため、同二十九年には統廃合を促すために「銀行合併法」が施行されている。

他方、商業分野に比較して長期低利の資金を必要とする農業・工業分野における金融機関の整備が遅れていることから、政府は農工業者を対象とした、長期でしかも低利の資金を融資するための特殊銀行設立の道を開いた。まず明治三十年八月、日本勧業銀行を開業し、翌年には農工銀行法に基づき各府県に農工銀行を設立した。大分県でも明治三十一年九月、同県大分町に株式会社大分県農工銀行が設立されている。資本金総額は四十五万円。

富来隆『大分県の歴史　第八巻　自由民権の波』によれば、大分県農工銀行は杉本重遠知事のときに計画され、設立委員は各郡から一名ずつの選出となっており、選任権が知事にあったため選出をめぐって争いが起きている。杉本知事は進歩党派ではないと思うが、なぜか進歩党派の設立委員に偏った人事を発表した。明治三十年九月、玖珠郡からは進歩党の武石橘次、日田郡からは日田の掛屋である千原藤一郎が選任された。この結果、農工銀行の出資金集めや役員の選任は進歩党派の主導で進められている。これに対し反対派の国民協会の流れをくむ豊州会が激しく反発している。これを機に、必ずしも政党色がはっきりしていなかった各郡の有力者が豊州会派へ与している。銀行設立後、業務は地域産業の発達にともなって順調に貸し付け実績を伸ばして好調であったが、進歩党と豊州会が対立する政争の場となっている。

小吉はもちろん進歩党に所属しており、体制派の杉本重遠知事が進歩党系の委員を選任したのは不思議に思われる。しかし当時は政府が進歩党と提携していた第二次松方内閣すなわち松隈内閣の時代であり、首相は薩摩派の巨頭松方正義であり、外相には進歩党の総裁大隈重信が入閣していた。このような中央政府の状況の下で、杉本知事が薩摩派の樺山内相の指揮に忠実に従ったからではないかと見られている（野田秋生『大分県政党史の研究』）。

農工銀行設立委員の選任は明治三十年九月であるが、同年末には進歩党は政府との提携を打ち切っている。そして翌年正月に第三次伊藤内閣が組閣され、同三十一年三月の衆議院議員臨時総選挙後の第十二帝国議会では、進歩党は自由党と歩調を合わせて政府提案の地租及び酒税の増徴案を圧倒的な大差で否決した。その後、いわゆる「隈板内閣」の誕生となる。

前出の「書状」には年が明記されていないが、その内容からして「契約書」と同じ明治三十三年のものではないかと思う。両史料から次のような事情がうかがわれる。

当時、小吉が役員であったか株主であったかは分からないが、「書状」の中で改革派と自称していることからすれば、小吉が属する進歩党系は経営陣の中で少数派になっていたようである。

七月二十六日付の「書状」によれば、小吉らは主流派を経営陣から追放するため、翌月二日に予定されていた総会に何かの議案をかけようとしている。議案の内容は分からないが、小吉は村の中西秀菴という専門家と商法の解釈について研究し、また大分県庁の押川何某にも公的な見解を問い合わせたりしている。さらに総会における多数派工作のために、地元の株主の抱き込みを図ったようである。「契約書」によれば、改革がうまくいった暁には、渡辺成男を重役に就任させるべく連署者が共同で尽力する旨を伊藤松男に約束している。差出人は小吉を筆頭にして、佐藤通夫、清田良作、そして千原藤一郎の四名である。佐藤と清田は後に小吉とともに、伊藤博文を党首とする政友会に移籍した盟友である。

小吉らの計画が功を奏したか否かは分からない。「契約書」は朱印が押されていることからすれば、多分原本であろう。だが、何故か大きくタスキ掛けに筆で消されており、しかも千原藤一郎の印影にだけ黒く墨が塗られている。うまくいかなかったのではないかと推測される。

ちなみに大分県農工銀行は、昭和十二（一九三七）年に日本勧業銀行に吸収されて、同銀行大分支店となっている。

また『玖珠町史』（中巻）によれば、小吉は明治四十四年頃、万年村の学務委員を務めている（「玖珠郡万年村取調書」）。この取調書は、同年七月に万年村が郡内成績優良町村に選ばれたときの調書である。

学務委員は万年村には十人いるが、県知事の監督下に属して町村内の学校事務を管理する職である。このとき小吉は五十七歳。この職をいつまで務めたかは分からない。小吉が死ぬのは三年後、大正三（一九一四）年十一月のことである。

2　小吉の住所

小吉の本籍はもちろん玖珠郡九重町松木であって、明治五（一八七二）年一月二十五日、十八歳のときに父利忠の家督を相続した。屋敷跡といわれている場所は分家の脇屋と県道を挟み、舟木とは隣り合わせになる。郷倉を一棟残すのみとなっており、脇屋の初代に当たる龍吉の顕彰碑と県の文化財に指定された板碑が立っている。

松木小幡家では、小吉の屋敷は明治初期の暴動により焼き払われたといわれている。明治四年の廃藩置県やその後の徴兵制の実施をはじめ急激な社会変革の中で、農民の不安が高まり、全国的に見ても各県で農民一揆が起こっている。大分県下でも同五年十一月、大分郡に起こった一揆が各郡に飛び火している。しかし日田・玖珠の二郡ではこれよりも前、明治三年十一月に暴動が起きている。小吉の家が焼かれたとすればこのときではないかと思う。『玖珠郡史』によれば経緯は次のとおりである。

十一月十三日、日田県では浮浪の徒が日田県庁を襲撃するとの情報を得て、騒然としていたところ、十八日から日田県下のあちこちで農民による暴動が起こり、日田県の役人と森藩兵が説得に当たるとともに、他方では鎮圧のために熊本藩宮原出張所、豊津・中津藩に援兵の派遣が要請された。十九日から二十日の朝にかけて、竹槍で武装した暴徒が庄屋や役人の家を打ち壊した。漢学者廣瀬孝之介や僧を差しむけて説得に当たらせているうちに、熊本藩の兵が到着し、小隊長らが竹田河原に終結していた群衆を説得し、ほぼ鎮定したかに見えたが、夜になると豆田町、隈町の数軒が打ちこわされ、また盗みを働く者が多かった。二十一日には豊津藩兵が到着し、恭順して村に帰る者は許すが竹槍などを携えて暴行する者は討つ旨を布告し、熊本・豊津両藩兵及び県庁護衛兵が繰り出したところ、一揆は離散し、説諭を聞き入れた者は証文を差し出した。

暴徒は玖珠郡にも流れ込み、郡内の庄屋の屋敷を打ちこわし、諸帳面を焼き捨てたという。どうもこのとき、松木にあった小吉の屋敷も打ちこわされたようである。

鎮定後の調査によれば、当時の日田県では浮浪の徒の襲来情報に騒然としていた最中であり、これに乗じて農民が土着の役人に仕返ししたものであった。隣の熊本県では雑税が多数免除されたのに対し、日田では大豆の納入量が加増された。農民は、土着の役人が私腹を肥やすための仕業と誤解して暴挙に出たものであった。

ところで、松木小幡家に伝わる話を総合すれば、その後小吉は松木の屋敷跡といわれる場所に家を再建することはなかったようである。母八千代の話によれば、小吉は別府の浜脇に別荘を持ち、また玖珠郡内の塚脇や野上などにも複数の家を持っていたという。

まず、先に別府の南端浜脇の高台にあった別荘を紹介しておきたい。小吉は県会が開かれているときは、この別荘から県議会に通ったものと思われる。

母は、玖珠郡玖珠町森の女学校を卒業して後、十七歳の頃一年間この別荘に住んで、大分にあった岩田女学校に通い裁縫を習った。二階建ての大きな家であったという。昭和七（一九三二）年頃のことである。

もう十年以上も前になるが、八千代が七十代半ばの頃、私は一度別荘の跡地に連れていったことがある。海岸沿いにある浜脇公園から山側へゆるい坂道を上ると、崇福寺という寺がある。寺の横の細い道に入り、寺を右手の下に見ながら、急な狭い石段を上がった所が別荘の跡地である。建物はなく荒れ地となっており、隣接地は中学校のグラウンドになっていた。眺望は北から東にかけて開けており、遠くに別府の市街を望み、眼下には別府湾を見下ろすことができた。寺のたたずまいも急な石段も昔と全く変わらないらしく、母ははしゃいだあまり石につまずいてズッこけてしまった。それでも、手についた泥を払いながら、「朝晩ここを通って、路面電車でイワタに通っていた」などと思い出を話してくれた。ちなみに「イワタ」は戦後、学校法人岩田学園に組織変更され、今では中高一貫校、大分県下でも有数の進学校になっている。

次に、玖珠郡内における住所について見ると、小吉の住所は何度か変っている。大分県編『大分県会史』に記された各通常会における議員名簿を見ても次のとおりである。

明治十四年三月第三回通常会〜同二十一年十一月第十回通常会まで　松木村
同二十二年十一月第十一回〜同二十三年の第十二回まで　東飯田《ひがしはんだ》村
同二十四年十一月第十三回〜同二十八年十一月第十七回まで　万年村

松木村から東飯田村への変更は、明治二十二（一八八九）年の松木・恵良・右田の三村による合併に伴う村名の変更である。住所地は同じ松木であったと思われる。しかし万年村は玖珠川の左岸の村であって、明らかに松木ではない。同二十二年四月に大隈・塚脇・山田・小田・山浦の五カ村が合併してできた村であり、役場は塚脇に置かれていた。

同二十二年当時、小吉は県会議員ではなかったからであろう、万年村ができて間もない同年五月二十八日、同村の名誉助役に就任している（玖珠町発行『玖珠町史』中巻）。名誉職であり無給である。そして同二十四年十一月、『大分県会史』にみるとおり、万年村を住所地として県会議員になっている。小吉は三十七歳。

また、県会議員を辞めた後にも本籍地を移したことがある。小吉の戸籍で玖珠郡九重町役場に残っている最も古い戸籍簿を見ると、本籍地の欄は「松木村二百十番地」が抹消されて「東飯田村番外三十六番地」と改められており、さらに明治三十五年二月二十五日に同地番から玖珠郡野上村大字右田七百一番地へと転籍している。転籍とは戸籍法上本籍地を移すことをいうが、何故に野上村へ転籍したか分からない。なお野上村はこれより前、同二十九年十月一日、飯田村の野上と後野上及び東飯田村の右田が一つになってできた村である。またもう一つの戸籍簿では、明治三十八年一月二十六日、前記の野上村から玖珠郡東飯田村大字松木千百八十四番地に転籍している。野上から松木に戻っているが、戻った場所は現在の舟木すなわち小幡憲一氏宅の地番である。

野上に転出する前の地番が小吉の本来の住所地と思うが、「松木村二百十番地」も「東飯田村番外三十六番地」も現在の地番には存在せず、どこに当たるのか分からない。小吉の屋敷跡と言い伝えられている場所が、むかしは「松木村二百十番地」と表示されていたのかも知れないが、現時点では断定できないでいる。ちなみに、同時期の龍吉（脇屋の当主）の本籍地は「松木村二百十一番地」である。

さらに、明治四十四年八月に編集された「玖珠郡万年村取調書」（『玖珠町史』中巻）によれば、小吉は万年村の学務委員を務めている。当時は再び万年村に住んでいたのであろうか。小吉が死ぬのは三年後のことである。

3　小吉の長男山麓

山麓についてはほとんど資料がないが、大正六（一九一七）年発行の小俣愨編『大分県人名辞書』に簡単な事績が記されている。このとき山麓は三十三歳。次に原文すべてを引用する。

小幡山麓（大分市電車通）　玖珠郡北山田村小幡範蔵氏の男、素《も》と東京に於て鉄道技術員たりしが、四十二年中上野公園に開かれたる発明品展覧会を観て感ずるところあり、辞職帰県、大分市電車通に「精電舎」を設け、電気諸機械用具、電気諸事業の設計に任ず。県下に於ける個人経営の電気事業は氏を以て嚆矢《こうし》とし、営業科目中の主要たる電力応用精白の如き、僅々三百円内外の設備費にて八時間乃至十時間に二石を精白するを得、尚ほ此電力を利用し、夜間八十灯の電灯に点じ得べしと云ふ。

山麓は明治時代の末、東京で鉄道関係の技術者として勤めていたが、その後大分に帰り、大分市駅前の電車通りに「精電舎」という店を構えた。電気関係の器具を売るかたわら、電気関係事業の設計請負も業とした。個人経営の電気事業としては県下最初であったらしい。主力商品の電力応用精米器はわずか三百円程度で据え付けることができ、精米だけでなく、この電力を利用して夜間は八十灯の電灯を灯すことができるという。編集者から取材を受けたとき、山麓はちゃっかりと自社商品の宣伝をしている。

山麓はもともと事業熱が大変高い人であった。大分で始めた電気事業の延長線上の事業として、大分県南海部郡蒲江町における発電所建設にも積極的に関わっている。第一章で紹介した「小幡美利翁之頌徳碑」にもあるとおり、蒲江水力電気株式会社の社長は四日市小幡本家の小幡美利が務めている。個人としては最大の出資者であったと思われる。

『九州水力電気株式会社二十年沿革史』（昭和八年発行）によれば、蒲江水力電気株式会社は大正元年八月二十九日、大分県南海部郡の蒲江町他四カ村に電灯用の電力を供給するために営業許可を得て、同六年六月一日から事業を開始した。資本金二十万円、株式発行総数四万株、内訳は優先株と普通株がそれぞれ二万株。そのうち九州水力電気株式会社が優先株を二万株、普通株を二株保有している。発電所は同郡名護屋村大字丸市尾、番近川水系丸市尾川に設置されて二〇キロワットを発電し、電灯用としては二千二十九戸の三千百七十六灯の電力と他に小口電力を九カ所に供給した。

なお、電力事業は昭和になって国家管理の時代を迎え、昭和十七（一九四二）年、国家総動員法に基づく配電統制令が公布され、九州では九州水力電気、九州電気、東邦電力、日本水電の四社が統合され九州配電が設立された。戦後の昭和二十六年、電力事業再編令により再編され、九州電力をはじめとする全国九つの電力会社が設立され今日に至っている。

松木の小幡家に伝わる話では、山麓は事業の出資金を募るとき、四日市の小幡本家を頼りにしていたという。『大分県人名辞書』にも「小幡範蔵の男」とあるが、もちろん山麓は範蔵の息子ではない。事業を起こすに当たって表向きには、資産家である四日市本家の範蔵の子で通していたのではないかと思う。「小幡美利翁之頌徳碑」によれば、美利は玖珠運送株式会社、森水力電気株式会社、玖珠銀行などの重役にも就任したとあるが、これらの事業のすべてに山麓が関わったのかどうか、資料がないので断言はできない。

大正三年十一月十三日、山麓の父小吉が死去、山麓は同日に松木小幡本家の家督を相続し、翌月十二月八日にその旨を届け出た。

4　小吉が死んだ場所

小吉の戸籍を見ると、死亡の場所は家屋敷のあったはずの九重町松木ではなく、次のとおり玖珠郡北山田村大字戸畑となっている。

大正三年十一月十三日、午後七時四十分、玖珠郡北山田村大字戸畑六千四百七十八番地に於いて死亡。同月十四日届出、同日北山田村戸籍吏小幡範蔵受付。同日届出書発送。同月十六日受付。大正三年十二月八日、長男山麓家督相続届出、戸籍編成に付き抹消。

小吉が死んだのは、大正三（一九一四）年十一月十三日の午後七時四十分。十一月半ばの午後七時と言えば、とっぷりと日は暮れている。晩秋の玖珠盆地はかなりの寒さであったろう。

問題は死んだ場所である。松木の自宅ではなく、また一族の運行寺でもなく、四日市の小幡本家でもない。北山田村大字戸畑とは、今の玖珠町大字戸畑である。戸畑の六千四百七十八番地がどんなところなのか、その地番を探してみることにした。まずゼンリンの住宅地図を開いてみたが、六千四百七十八番地そのものは表記されてはいない。最も近い地番としては、六千四百七十五番地が北山田中学校の南にあった。現地を訪ねてみると、東西に走る道が緩く蛇行し、道の両側には家屋が建ち並んでいる。郵便局や商店もある古い家並みであるが、その中に六千四百七十五番地の家はあった。あいにく家人は留守であったため、隣近所に聞き込みをしてみたが、目当ての地番は見つからなかった。

その後、一年半以上経った平成十六年四月、再び現地を訪れた。九重町松木の天満社の祭礼に初めて出席した後、博多への帰り途であった。今度こそ小吉の死に場所を特定してやろうと思って、家ごとに地番を問うて廻ることにした。二軒目の老婦人であったか、中学校の下に小幡何某の石碑があること、また近所の正屋《まさや》商店は小幡家ゆかりの家であることを教えてくれた。

同商店では店番をしていた店主の森正温《まさよし》氏からお話をうかがうことができた。驚いたことに同氏の母上は、四日市小幡本家の小幡範蔵の養子で後に「新屋《しんや》」として分家した小幡友太の長女テツであった。

以下は正温氏からの聞き取りによる。

例の碑は北山田中学校へ上がる坂道の側にあって、額には「小幡翁之碑」と記されており、小幡範蔵の顕彰碑であることが分かった。小吉が死去した大正三年十一月の前年、同二年四月に建てられており、碑文は元老の西園寺《さいおんじ》公望《きんもち》である。きれいに切り石で仕切られた土壇は、その東側部分が中学校に登る坂道整備のときに切り取られているが、当初はかなりの大きさだったようである。かつては杉の大木が三本あって、「三本杉」と呼ばれて周囲は鬱蒼としていたという。土檀の一角に今も杉の切り株が一つ残っていた。終戦までは碑の前で毎年祭礼が行われ、子供相撲も行われていたという。範蔵の碑は道路を挟んで正屋の向かいに建っている。その周辺一帯がかつては小幡範蔵の屋敷であって、米を収納する土蔵も三棟程あった。今も土蔵の一つが住家に改装されているが、もう小幡家のものではないようだ。

小幡範蔵顕彰の碑

今回の調査によって、小吉の死に場所は北山田の範蔵の屋敷であることが分かった。しかし、なぜ戸畑にいたのであろうか。もしかすると小吉は同屋敷に住んでいたのではないかとも思ったが、何かの用で北山田に来ているとき、脳溢血か心筋梗塞か急な変調をきたしたのかも知れない。いずれにしろ息を引き取ったのは範蔵の屋敷であった。

実は、北山田村戸畑には範蔵の屋敷と正屋の他に、少し遠縁になるが運行寺ゆかりの芳蓮寺もある。今となってはどんな用事で戸畑にいたのか分からない。

小吉の死後、翌十四日に死亡届が北山田村役場に提出され、村長でもある戸籍官吏の小幡範蔵に受理されている。なお小吉と範蔵は従兄弟の関係にあって、小吉が政治の世界から身をひいた後、しばらくして跡を継ぐように範蔵が大分県会議員となっている。

さらにもう一つ紹介しておこう。森家は天ケ瀬温泉に正屋という旅館を経営していたが、昭和二十八（一九五三）年の筑後川大水害により建物を流出し廃業した。側で聞いていた妻直子は、子供の頃に母に連れられて、その旅館に遊びに行ったことがあるらしく、しばしの間ご主人と思い出話となった。

（平成十六年四月二十七日）

追記　僧霊照について

1　霊照の生まれた応因寺を訪ねて

あらかた「むすび」も書き終えたところで、一旦筆を擱《お》いたのであるが、運行寺の関連でどうしても気になることがあった。霊照である。

本文に述べたとおり、運行寺第十四世霊運が死去した後、霊照という僧が一時期運行寺の住職を務めている。「寺院明細牒」によれば、運行寺第十五世に位置づけられているにもかかわらず、現在のところ運行寺の歴代住職には入っていない。霊照はどこへ行ったのか、またどんな立場で運行寺に入ったのか、また運行寺で死んだのかも分からない。「寺院明細牒」では「応因寺教順の次男」と記されており、応因寺を訪ねてみれば何か手がかりがあるのではないか。そこで平成十四年六月、霊照の生まれた豊前市の応因寺を訪ねることにした。

「寺院明細牒」では、応因寺は「豊前国上毛《こうげ》郡轟《とどろ》村」にある。現在の住所表示で言えば、豊前市大字上川底である。福岡県ではあるが大分県中津市に近く、福岡市から高速自動車道を利用しても二時間半余りの距離にある。

豊前地方の谷は直線的である。英彦山《ひこさん》（一二〇〇メートル）あるいはそれに連なる犬ケ岳（一一三〇メートル）、経読岳《きようよみだけ》（九九二メートル）という山々に源を発する川は、小さいけれど流れが急で、大きく蛇行することもなく周防灘へ流れ込んでいる。地図で見れば、応因寺も佐井川の支流を上って、経読岳の麓にある。まさに谷の奥である。寺の前を通る道もしばらくして行き止まりとなる。

本堂と庫裏は大きな自然石を積んだ石垣の上にあった。隣は数年前に廃校となった小学校の跡地であり、これも高い石垣の上にある。お寺の下にあるバス停の名は「応因寺前」とあった。終点である。一日数度の便しかない。

境内を歩いていると本堂の隣の部屋で金槌の音がしたので、声をかけてみた。住職である。「カゼを引いてねえ」と断りながら出てこられ、大工仕事の手を休めて応対して下さった。運行寺のことや霊照のことなどを説明すると、奥の方から系譜を持ち出してこられた。以下、この系譜を「応因寺系譜」と呼ぶことにする。

本堂の階段に腰掛けて、広縁に系譜を広げながら住職のお話をうかがった。住職はむかし、布教のために豊前・豊後地方のお寺を回られたことがあるという。しかし残念ながら運行寺はご存じでなかった。「応因寺系譜」には、同寺が天正十五（一五八七）年に禅宗から真宗に宗旨を改めて後、現在の住職に至るまでの歴代住職とその兄弟姉妹の名と没年月日が記録され、一部には短文の事跡が付記されている。この中に期待していたとおり、霊照の名前を見つけることができた。

至誠院　釈霊照　大道三男也
明治二十三年八月一日死
大分県北海部郡臼杵町海添《かいぞえ》宝蓮寺へ入寺

また霊照の父大道については次のとおり。

釈大道　応因寺第八世
号活逸庵　天保四（一八三三）癸巳歳六月二十七日卒　行年六十三歳也

大道という住職は大変に学識ある人であって、「本山で唯識三十頌などを講じたこともあり、また新しく田地四反余を開き、さらには文政五年に庫裏を再建して仏具などを求めた」と添え書きされている。

「寺院明細牒」では「霊照は教順の次男」となっているのに、「応因寺系譜」では「応因寺の第八世住持大道の三男」となっている。教順という人物はどこにいったのか。「応因寺系譜」を何度もひっくり返してみたけれど見当たらない。しかし私は運行寺の霊照は、「応因寺系譜」に出てくる霊照に間違いないように思った。

そこで改めて「寺院明細牒」を見ると、運行寺の廣恵は霊照の実子でないにもかかわらず、霊照の長男と表記されている。実の親子関係よりも養親子関係を重視した記述である。ならば霊照は「応因寺教順の次男」と言うときの教順とは、霊照が入寺した臼杵宝蓮寺《ほうれんじ》の養父ではないかと思ったのである。

そこで宝蓮寺に電話したところ、応対してくれた佐藤謙順住職が言われるには、宝蓮寺第十二世住持は間違いなく霊照であった。しかしその養父が教順と称したかどうかは即答をもらえなかった。佐藤住職にうかがったお話の概要は次のとおり。

応因寺

霊照は豊前市の応因寺から養子に来た。墓は宝蓮寺歴代住職とともに境内にある。冷静でおとなしい人だったという。寺の山門を建てるなど、現在の宝蓮寺の基礎を築いた住職である。寺は娘のタツが養子を迎えて今に継いでいる。タツは現住職からすれば祖母に当たる。

しかし玖珠の運行寺という寺は聞いたこともない。また霊照が宝蓮寺の住職を務めながら、他の寺の住職を兼ねたということも聞いたことはない。

以上のとおり霊照が応因寺の生まれであり、後に臼杵宝蓮寺の養子となって第十二世住職となったことは明らかである。しかも霊照の墓が宝蓮寺にあるということからすれば、霊照が死んだのはどうも宝蓮寺のようである。ならば宝蓮寺の住職を務めながら、運行寺の住職を兼務したのであろうか。佐藤住職は霊照が他寺の住職を兼ねたことについては聞いたこともないと言うが、その可能性は全くないのであろうか。

ところで現行の宗教法人法では、住職が死亡によって欠けたり、あるいは病気などにより職務を行うことができない場合、住職に代わって代理する者すなわち「住職代務」を置かなければならない旨定められている（同法第二〇条）。浄土真宗本願寺派及び真宗大谷派でもそれぞれ規則を制定し、住職代務を置く場合の要件及び手続きを定めている。浄土真宗本願寺派の例によると、住職代務は僧侶の資格を有する者のうちから、当該寺院の申請する者について総長が任命し、任期は二年とする旨定められている。現在ではこのような手続きを経て、ある寺の住職が別の寺の住職を代理して務めることがある。再任されることもあるが、あくまでも一時的な措置である。江戸時代の末期から明治の初期に、現在と同様の住職代務の制度が整備されていたかどうか詳しいことは知らないが、類似の制度はあったと思う。霊照も宝蓮寺住職を務めながら、運行寺の住職を代務したのであろうか。

しかし鉄道もない時代に、臼杵の住職がどうして玖珠の住職を代務することができたのか疑問である。ちなみに大分県において鉄道が初めて開通したのは、霊照が運行寺住持となって三十年以上後、明治三十（一八九七）年九月のことである。このとき豊州鉄道会社が福岡県行橋から宇佐郡柳ケ浦まで線路を延伸した。だからそれ以前は徒歩か馬あるいは馬車くらいしかなかった時代である。距離にして八〇キロは優にあり、徒歩で片道二、三日の行程である。これだけ距離を隔てて代務することがあるのだろうか。もし代務があったとすれば、運行寺と宝蓮寺あるいは霊照との間には、何か特別の深い関係があったのではなかろうか。

「寺院明細牒」の運行寺の項では、廣恵は霊照の長男と記されているが、実の親子関係にないことは明らかである。また霊照は、住職を廣恵に譲って後は「前住」と明記され、その後も運行寺にいるかのような表記になっている。明治二十三年作成の「寺院明細牒」に霊照の名前が記されているところをみると、同二十三年当時運行寺にいたのではないか。「応因寺系譜」では同二十三年八月一日に死んだことになっており、その場所は運行寺ではなかったか、どうも単なる代務の住職ではないような気がする。いずれ宝蓮寺を訪ねて確かめたいものである。

ところで、むかし母から、臼杵に親戚の寺があること、寺に上る坂道から海か川かが見えること、臼杵の醤油屋「フンドーキン醤油」に友達が嫁にいったことなどを聞いたことがある。しかし宝蓮寺の住職が運行寺の名をご存じないことからすれば、母が話していた寺は別の寺のようである。

次に『豊前市史　下巻』（平成三年豊前市発行）から、霊照の出た永誓山応因寺の項を引用しておきたい。

永誓山応因寺
宗　派　真宗大谷派
本　尊　阿弥陀如来

所在地　豊前市大字上川底八五四の二番地（字仏供田）
現住職　石田文
由　緒　天正十五（一五八七）年、石田善内が真宗に帰依し、法名を浄加と号し、本尊阿弥陀如来を申請して帰山した。これが当山の開基である。最初岩屋村大河内清水に建立していたが、のち合河村上川底に移転し、さらに現在地に移る。宝暦十二（一七六二）年『三毛門手水寺社改帳』に「一真宗永誓山応因寺（恵順）堂五間半四方草葺、庫裡長六間横三間右同、鐘楼八尺四方茅葺」とある。
○歴代住職　開基浄加、二世西会、三世西願、四世良順、万治元（一六五八）年九月応因寺寺号免許。元禄五（一六九二）年蓮如上人の御影下附、同寺文書には「一筆申入候、仍其方へ寺号応因寺と被成御免候条、難有可被存候、重而御自筆可下候間、其節此状返納尤候、恐々謹言　万治元年七月九日　下間治部卿法橋頼綱（花押）応因寺良順」とある。五世玄照、六世良什、坊守は小笠原家家老の娘で、この時持参した小笠原家の位牌が現存している。七世恵順、宝暦八（一七五八）年本堂再建、同十一年鐘楼建立。八世法城、九世大道、十世恵照、十一世順照、十二世衛立、十三世順照、十四世純誓、十五世衛立、十六世文暁
○什宝物　薬師如来像　禅宗時代の本尊であったという（雁股城の仏像ともいわれるが、確証はない。深瀬家の念持仏ではなかろうか）。
○建造物　山門・鐘楼　山門は一間、一戸薬医門、切妻造り檜皮鉄板葺き、天明三（一七八三）年建立（記録）。鐘楼は桁行き一間、梁行き一間、切妻造り櫓皮形鉄板葺き、宝暦十（一七六〇）年

（記録棟札）（『福岡県の近世社寺建築』）。

○石造物　永誓山応因寺開基四百年記念碑

句碑「枯れ芭蕉葉ずれの音の聞こゆなり」

○講社関係　謝徳講　松尾川内地区で、古くから毎月勤修されてきている。

○その他　深瀬家系之由来

大和国南都春日明神護神同性七名ノ内勢野村ニ住長谷川七郎与申者豊前国上毛郡雁股山城主野中兵庫守新右衛門殿之家老職与成ル。爾時雁股之主君落城之後轟谷影原之関所跡ニ永正六己巳年七月ヨリ住居帰農仕者也。為菩提薬師如来之木仏一体奉納永誓山者也。

2　運行寺ゆかりの明照寺

ここでもう一つ、運行寺ゆかりの寺を紹介しておこうと思う。「寺院明細牒」の運行寺の項にあるとおり、運行寺は「豊前国上毛郡挾間《はさま》村中本寺　明照寺末」である。上毛郡挾間村は現在の豊前市内であり、明照寺と応因寺の距離は極めて近い。応因寺を後にするとき、住職から道を教えていただき訪ねることにした。

応因寺から挾間の村の方へ下っていくと、県道からも大きな本堂の屋根が目についた。数年前に前住が亡くなって、跡を継いだばかりという吉田量爾住職は二十代半ばである。突然の訪問にもかかわらず、明治の頃に建てられたという山門などをご案内いただき、また本堂では御本尊にお参りさせていただいた。運行寺に関する史料などを期待していたが、残念ながら特に史料は伝わっていないとのことであり、また末寺が玖珠にあるということも寺には伝えられていなかった。

しかし背後にある経読岳の尾根を越えれば耶馬渓であり、さらにその先に玖珠の町がある。山越えではあるが直線距離ではさほど遠くはない。むかしはこの道を通って、上毛と玖珠の間に人々の往来があったと思われる。住職の言われるには、峠の小道は今もあり、玖珠に近い深耶馬渓には明照寺の檀家が数軒あるという。

運行寺が明照寺の末寺ということは、運行寺を開いた祐玄あるいはその師が明照寺ゆかりの者であったか、はたまた運行寺創建時の誰かが明照寺に修行に行ったのか、今では分からない。しかしいずれにしろ、明照寺の御先祖のお陰で運行寺は創建されたものと思われる。前出の『豊前市史　下巻』から明照寺の項を引用しておきたい。

松林山明照寺

宗　派　真宗大谷派

本　尊　阿弥陀如来

所在地　豊前市大字挾間五八九番地（字屋敷）

現住職　吉田了丸

由　緒　寺伝によれば「元亀三（一五七二）年村上家の一族吉田兵部清正が故あって九州に流浪し、浄喜寺に入って薙髪《ちはつ》し名を浄正と改め、文禄元（一五九二）年十二月八日この村に居住した。こ

明照寺

れが当山の開基である。慶長四（一五九九）年二世祐念のとき当寺を建立した」という。宝暦十二（一七六二）年『三毛門手永寺社改帳』に、「挾間村一、真宗常（原文のまま）林山明照寺快道　堂六間半四方草葺、庫裡長五間横三間右同　但長四間横三間之鎰、鐘楼八尺四方右同」とある。『寺院聚録』に「上毛郡挾間村常林山明照寺」とある。

○歴代住職　開基浄正、二世明善、三世祐念、四世〜七世不詳、八世良祐、九世随有、十世道空、十一世慈般、十二世快道、十三世西雅、十四世暢妙、十五世法喜、十六世暢喜、真宗大谷派本山高倉寮に入り宗学を研鑽。擬講、大肋教授に補せられ、終生大谷派の教学に尽瘁《じんすい》した。七十二歳亡。辞世「明治本年二十六我齢七十有二歳　宿業難逃羅病　半身不随日変遷　他人不知我意楽　念仏三昧得自然　可喜頓穢土境　即往安楽証出纏　嗚呼楽嗚呼快哉　西方先我生一蓮寄語有縁道俗等　引手共乗弘誓船　今日かぎり今宵かぎりと待ちわびむ西の都にかへるうれしさ」。著書に『念仏行者破慢録』、『真宗行者了解指南』がある。十七世良謙、十八世渓雲、十九世了丸。

○什宝物　蓮如上人御真筆六字名号、蓮如上人御絵伝

○建造物　庫裡玄関　求菩提山座主遺構、庫裡　恒遠塾梨花寮遺構という。

○石造物　香蓮院釈暢喜記念碑　碑文に「暢喜、号海蔵又文栞、文政六（一八二三）年三月十五日、

田川郡津野村正応寺に生、安政四（一八五七）年三月十日当山十六世之法嗣となる。少にして村上仏山之門に学び、壮年大谷派本山高倉大学寮に専修、只蛍雪不怠学、大進云々。其著『念仏行者破慢録』、『真宗行者了解指南』等、皆不朽之文字也云々。恒遠麟次、題字及撰文。明照寺第十八世住職渓雲書。大正十五（一九二六）年三月十五日建之」とある。

○講社関係　恩講　大字大河内の一地区で、毎月勤修。数百年の伝統をもつ。

豊前市は、私の郷里である福岡県京都郡《みやこ》からさほど遠い距離ではない。明照寺を辞した後、高校生の頃このあたりに遊びに来たことを思い出した。近くに「乳の観音」で知られる木像千手観音がある。楠の一木彫りで平安期の作、国の重要文化財である。観音堂の背後にある岩壁からは、むかしと変わらずに霊水二筋が滴り落ちていた。どんな日照りのときでも枯れることはなく、この霊水で粥を炊いて食べると乳の出がよくなると言い伝えられている。参拝している間にも、車で二組の男女が水汲みにやって来た。

（平成十四年六月十八日）

3　新たに運行寺史料を見つけて

運行寺には史料は何もないと聞いていたが、思いもかけず運行寺史料を目にすることができた。それも本原稿がほぼ完成した平成十四年のお盆、運行寺を訪ねたときのことである。原稿の構成にまで影響を与えかねないことであるが、調査の過程を分かりやすくするために、あえて原稿を書き換えるということはせず、追記という形で整理することにした。

史料は江戸時代末期における火災の後、焼け残った資料などを基にして当時の住職廣恵が再調整したものである。表紙には次のとおり記されている。

文政拾弐年己丑二月二日、本堂並ニ庫裡火災ニ罹リ、旧記焼失シテ、由緒不詳。故ニ過去帳中興再帳致シ、釈廣恵新調ス。

文政十二（一八二九）年二月二日、本堂も庫裏も火災にかかり、寺の旧記旧録を焼失してしまった。由緒も不詳となったので、過去帳を再び起こして当時の住職廣恵が新調したという。この史料によれば、創建間もない頃の運行寺は次のとおりである。

寛永十六己卯年
　当山本堂建立　　三月十六日上棟　四間半五間ノ入
同十七庚辰年
　木仏尊像九月五日御免　願主当寺釈祐玄
　　東泰院宣如上人御裏御判　別ニ軸物アリ
同十九壬午年

二月二十四日　祐玄法師入寂

寛永十六（一六三九）年に運行寺の本堂が建立された。三月十六日に上棟された本堂の大きさは、間口が四間半、奥行きは五間であったという。

そして翌十七年九月五日、本山から木仏尊像が許された。願主は開基の祐玄であり、像には本山の東泰院宣如上人による御裏御判があり、また別に軸物もあった。しかし、祐玄法師は同十九年二月二十四日入寂した。

本史料は運行寺の歴史を知る上で極めて貴重であり、次に主な記事を拾い出してみよう。

延宝元（一六七三）年三月二十三日、聖徳太子の御影が許された。願主は第二世良秀。良秀法師は天和二（一六八二）年二月十四日没している。

第三世は廣恵という。慶応年間（一八六五～六八）に本堂や庫裡を再建した廣恵とたまたま同名である。天和四（一六八四）年四月十六日、御開山すなわち親鸞上人の御影を本山から許された。願主は廣恵である。さらに元禄十四（一七〇一）年六月五日、蓮如上人の御影を本山から許された。裏には真如上人の御判があった。願主はこれも廣恵、施主は浄西。なお浄西は四日市村中の河野氏で、享和三（一八〇三）年十二月二十七日に没。

ところで、第一章で運行寺ゆかりの寺として兵庫県宝塚市の願勝寺を紹介した。同寺は運行寺第三世廣恵が、本山での修行を終えて九州への帰途、寛文年間（一六六一～七三）に再興した寺ではないかと思われる。

運行寺史料に照らしてみると、当時廣恵は青年期に当たっており、修行の帰途というのもうなずける。さらに同史料を追ってみると、廣恵は創建後間もない運行寺の整備に尽くした住職であって、宝永六（一七〇九）年には梵鐘を鋳成しており、また正徳五（一七一五）年には御絵伝、すなわち親鸞上人の一代を描いた掛軸を本山から許されている。

ところが、運行寺史料にはこの後、数代にわたって歴代住職についての記述が欠けている。例の大火事で原資料が焼失し復元できなかったものと思われる。

そして文化九（一八一二）年二月二十五日、十三世廣道の父諦立が死去。文政十二（一八二九）年二月二日に例の大火事があった。本史料の表紙に書かれた火事であり、これにより旧記旧録を焼失したという。時の住職は廣道、天保五（一八三四）年十二月三日に死去したが、後継者がいなかった。そのため同じ天保五年の項に次のような記述がある。

此年、先住霊雲坊守末智、五月二日ニ二所ヨリ二人入院。

「釈廣恵之墓碑」にあるとおり、霊雲（霊運とも表記）は廣妙寺の出で第十四世、その坊守《ぼうもり》である末智とは松木の小幡家から嫁に来たマチである。「二所ヨリ二人入院」とは、廣妙寺生まれの霊雲と松木小幡家のマチと二人が、それぞれの家から運行寺に入った、との意味であろう。廣恵が生まれるのは二年後、天保七年である。

その後、嘉永二（一八四九）年十月三日、霊運は死去した。このとき廣恵は十三歳、当然のことながら寺の勤めは果たせない。

このような状況の中で、嘉永六（一八五三）年の項に次のような記述がある。

嘉永六癸丑　廣道就若輩四月十九日
　　　小倉領応因寺霊照来助

嘉永六年四月十九日、廣道が若輩であるため、小倉領の応因寺から霊照が助けに来たというのである。しかし霊照入寺のときに幼かったのは、廣道ではなく廣恵である。「嘉永六年四月十九日」は、「寺院明細牒」に記された、霊照の運行寺入寺の年月日とも一致する。ここにいう廣道は廣恵の誤りである。

これ以後霊照は、安政六（一八五九）年十月六日まで運行寺第十五世住職を務めている。第一章で推測したとおり、霊照は若い廣恵の代役として住職を務めたのである。霊照は、廣恵が二十四歳になるのを待って住職の座を譲っている。これ以後、廣恵が本堂、庫裡の再建に向けて努力した経緯は「釈廣恵之墓碑」の碑文のとおりである。

さらに「運行寺史料」をめくっていくと、約四十年程後の明治三十四（一九〇一）年の項に次のような記述を見つけた。

樹心院廣恵　八月二十六日午後七時往生。
十五世住職。十六世行学実父ナリ。但シ十五世住職ハ後ニ他寺スル故ニ当寺ノ代ニハ加エズ。釈霊照。

樹心院廣恵とは廣恵の法名であり、この時期、運行寺住職は廣恵の子・行学である。内容を見ると、廣恵は明治三十四年八月二十六日に死去した。運行寺の第十五世住職で、第十六世行学の実父であると記している。これに続けて「但シ十五世住職ハ後ニ他寺スル故ニ当寺ノ代ニハ加エズ。釈霊照」とある。霊照は運行寺の第十五世を務めたが、後に他の寺に務めたので運行寺の代には加えないというのである。だから廣恵が十五世、行学が十六世ということになる。こうして現在の世代の数え方になったのである。

また「来たりて助く」とあることからすれば、あくまでも一時的なものであって入籍などはしていなかったようである。さらに宝蓮寺との兼務とかでもなく、今日で言うところの代務住職ではなかったかと思う。真宗大谷派の日豊教務所などに聞くと、代務住職は歴代住職に加えないのが一般的だという。

以上のとおり、「運行寺史料」を見て大きな疑問は一応解消した。しかしまだまだ疑問が残る。「後ニ他寺スル」とあるが、霊照は一体いくつのときに宝蓮寺に入ったのであろうか。この疑問については次の項にゆずりたい。

なお廣恵が運行寺本堂を再建したときのことについては、「運行寺史料」には次のように記されている。

元治元（一八六四）年十二月十七日　本堂再建　木挽職《こびきしょく》入込
慶応元（一八六五）年二月十二日　同大工職入込　頭梁町田左之策
同年七月四日五日　上棟式
同年秋　上屋根　於本堂　御正忌執行
慶応三年　御遷仏

元治元（一八六四）年十二月十七日、本堂再建のための木挽職が寺に入り込んで来た。山から木材が切り出され、柱材、板材などが用意されると、翌慶応元年二月十二日には大工職人が入り込んで来た。棟梁（頭梁）は町田の左之策であるという。そして同年七月四日と五日に上棟式が行われている。さらに同年秋には上屋根が葺かれ、本堂において初めての御正忌が執り行われた。なお、御遷仏は慶応三年であった。

このとき建てられたのが現在の本堂であり、創建当時は萱葺きであったが、昭和の初期に瓦に葺き替えられて現在に至っている。

（平成十四年八月十六日）

4　臼杵の宝蓮寺を訪ねて

宝蓮寺を訪ねて確認したいことが二つあった。まず、霊照が宝蓮寺に入ったのは一体何歳のときであったのか、もう一つは、霊照の養父が教順ではないのか。この二点を確かめるため、残暑厳しい八月の末に臼杵を訪ねることにした。

妻とともに香椎駅（福岡市東区）を七時四十六分発の特急電車に乗って、十時三十六分に臼杵駅に着いた。宝蓮寺訪問の予約は午後であったから、まずは駅前から観光タクシーに乗って、久しぶりに臼杵石仏に参拝することにした。前回訪れたのは子供の頃であって、臼杵石仏のシンボルとも言うべき中尊大日如来像の仏頭は落ちて台座に安置されていた。復元すべきか否か長い論議があったというが、今では復元されて往時の尊像に復している。

臼杵は城下町である。臼杵城址となっている小高い山は、大友宗麟が初めて城を築いた頃は丹生島《にゅうじま》という文字どおりの島であったが、今では埋め立てにより島ではなくなっている。宗麟は府内城からここに一時期本拠を移している。それが城下町臼杵の始まりであり、豊後におけるキリスト教布教の拠点になるとともに、明やポルトガルの商人が行き交う国際的な商業都市にもなった。

関ケ原以後、美濃から稲葉貞通が入封すると、臼杵十五万石の城下町が形成されていく。現在の臼杵の街並みの大部分は稲葉氏の時代に形作られている。特に二王座《におうざ》は起伏に富んだ切り通しの狭い道が折れ曲がり、その両側に武家の屋敷が立ち並んでいる。案内のタクシー運転手が言うには、つい最近ここで映画『なごり雪』のロケが行われたらしい。またお寺が多く、城の西方を流れる臼杵川沿いに大橋寺、浄元寺、光蓮寺、龍原寺といった寺が集まっている。中でも古色蒼然とした龍原寺の三重の塔は印象的であった。

その後、稲葉家の下屋敷などを案内してもらい、昼食の後には臼杵城址に上ってみた。しばし市街地を見回していると、南側の海添《かいそえ》の辺りにキラキラと光るカワラの大屋根が見える。あれが宝蓮寺の本堂であろうか。

宝蓮寺

城址から下りて、強い日射しの中、地図を頼りに武家屋敷跡などをのぞきながら、宝蓮寺のある海添の方へ歩いてみた。予約の時間よりも少し早く宝蓮寺の前に着くと、まず本堂の大屋根が目についた。前庭を挟んで山門がある。あの霊照が建てたという山門である。

庫裡では佐藤住職と奥さんからお話を伺い、文化十一（一八一四）年に書き起こされた過去帳を拝見させていただいた。表題は「過去帳」となっているが、内容は創建以来の歴代住職の行状・事績がまとめられている。霊照の箇所には次のとおり記されている。

第十二世霊照　出生地　豊前国上毛郡合河村　応因寺

明治七（一八七四）年法爾《ほうに》妻安世ノ次夫トシテ入寺。翌八年一女タツ出生。爾来《じらい》良ク寺務ニ務メ、漸ク疲弊ニ陥ラントスル寺檀ヲ恢復シ又先夫ノ息法照ヲ養育シ、第十三世住職タラシム。生存中為ス処、明治二十三（一八九〇）年九月十四日七十六歳ヲ一期《いちご》トシテ疫癘ノ為メニ念仏ノ息絶ユ。

至誠院釈霊照法師

明治二十三年九月十四日亡　行年七十六歳

第十二世霊照の出生地は、豊前国上毛郡合河村の応因寺である。明治七（一八七四）年、第十一世住職法爾の妻安世の次夫として入寺した。翌八年、一女タツが出生。その後よく寺務に務め、疲弊に陥らんとする寺檀を回復し、また先夫が残した子法照を養育して、第十三世住職とした。明治二十三年九月十四日、七十六歳を一期として流行病《はやりやまい》にかかって死去した。法名は至誠院釈霊照法師、行年は七十六。霊照が宝蓮寺へ入ったのは明治七年であるが、このときの年齢を調べてみると、何と六十歳である。

しかしそれにしても、明治二十三年作成の「寺院明細牒」の運行寺の項に、同七年に運行寺を出た霊照の名が残っているのは実態に合わない。本名簿は第一章でも触れたとおり、同二十三年の明細帳でありながら、住職や法族の年齢は同五年時点で記されている。しかし家族の構成も同五年時点のままとなっていたのである。明細帳の作成年と年齢表記の食い違いに気付いてはいたが、家族などの構成員さえも同五年のままになっているとは思いも至らぬことであった。

ところで、安世の夫で宝蓮寺前住の法爾は、明治五年一月十六日に四十五歳で死去した。安世と法爾との間には法照と法潤《ほうじゅん》の兄弟がおり、このとき兄の法照は十九歳。霊照は法照の成長を待って、第十三世住職とした。一方、弟の法潤は実業界に入ることを強く希望して、後に帝人《ていじん》の社長となった。帝人は、大正七（一九一八）年六月十七日に設立された帝国人造絹糸株式会社であり、資本金百万円、大阪に本社を置き、山形県米沢に工場をもって、我が国最初の人造絹糸を製造した。法潤は会社設立時の発起人の一人であり、創立当初は専務取締役、その後大正十四年十二月に社長に就任し、昭和八年十二月に退任した（福島克之『帝人のあゆみ』帝人株式会社発行）。寺の境内には昭和七（一九三二）年、社長在任中の法潤が寄進した納骨堂があり、霊照もここに葬られている。

明治二十三（一八九〇）年九月十四日、霊照は七十六歳で死去した。「応因寺系譜」では没年月日は同年の八月一日となっているが、かつて応因寺住職もいわれたとおり、「応因寺系譜」は宝蓮寺からの報告によって記入されたものであるから、霊照の命日に関しては宝蓮寺の記述の方を信じていいと思う。霊照死去のとき一人娘のタツは十六歳。宝蓮寺現住の祖母である。

宝蓮寺ではもう一つ、「寺院明細牒」にある教順を確認しようと思っていたが、宝蓮寺では何の手掛かりも得られなかった。もう一度原点に返ってみると、「寺院明細牒」の中で霊照が「応因寺教順の次男」と表記されていることからすれば、教順は応因寺の人でしかも霊照の父と見るのが自然である。しかし、「応因寺系譜」では霊照は「大道三男也」と表記されている。幼児期に子が死ぬことも多かった当時、実は三男でありながら次男で通すことはよくある。次男か三男かこだわることではない。もしかすると、大道と教順は同一人物なのかも知れない。

なお霊照の後、応因寺と宝蓮寺の間には緊密な関係が出来上がっている。すなわち津久見市にある蓮照寺の姉妹のうち姉が応因寺へ、妹が宝蓮寺へ嫁いでいる。したがって応因寺の現住職と宝蓮寺の現住職とは従兄弟の関係にある。

史料を拝見した後、住職ご夫妻から宝蓮寺の周辺を案内していただいた。庭に出ると霊照が建てた山門があり、本堂とともに二、三年前に大改修が行われたという。本堂の裏側に回ると、塀を隔てて山本達雄の旧宅がある。今ではその屋敷跡はすべて宝蓮寺に寄進されている。山本達雄は第五代日本銀行総裁や第二次西園寺内閣の大蔵大臣などを歴任しており、その養子が「平成」の元号制定に関係した山本達郎東京大学名誉教授である。宝蓮寺によって保存されている旧宅の前には、平成四年三月に建てられた達夫の顕彰碑があり、碑文は達郎の撰。また屋敷跡の大部分は宝蓮寺が経営する海添保育園となっている。

さらに寺の裏には箕浦勝人の屋敷跡があるが、今では他人の手に渡り、家も建て替えられている。勝人は慶応義塾に学び、立憲改進党の結党に関わり、地元大分にあっては小吉らと政治活動をともにした。明治二十三（一八九〇）年の第一回衆議院議員選挙では、大分二区から当選して、以後三十七年間にわたって一度も落選することなく、大正四（一九一五）年八月、第二次大隈内閣の逓信《ていしん》大臣に任命されている。

ところで前にも述べたところであるが、むかし母八千代から臼杵には親戚の寺があると聞いたことがある。その寺は少しばかり高台にあって、境内に上る坂道から海か川が見えたという。しかし宝蓮寺は高台にはなく坂道もない。境内のすぐ東側に海添川が流れているが、寺の境内から川面を見ることはできない。どうも母の言う寺は宝蓮寺ではないようである。臼杵の親戚の寺については、とうとう分からずじまいである。

次に、佐藤住職が書かれた宝蓮寺の紹介記事を紹介したい。東京在住の臼杵出身者で作る東京臼杵人会が発行する機関誌「東京臼杵人会だより」（平成十四年三月十五日号）から、住職のご了解を頂いて次にその全文を掲げることにする。

霊法山宝蓮寺（浄土真宗東本願寺派）
○所在地　臼杵市南海添一組
○住職　佐藤謙順（十六世）
○創建　伝、安土桃山時代
○開基　善西法師
○本尊　阿弥陀如来　立像一尺八寸（伝定朝の作）
○沿革　当佐藤家は、代々大友家の重臣として仕えていましたが、善西法師の発心によって、安土桃山時代に寺を建立したと伝えられています。

数度の火災により、開基以来の記録等は焼失して不明です。殊に元禄二（一六八九）年正月朔日の回禄《かいろく》（火事で焼けること。当時第六世瑞雲の時）以後、鉄砲町より現在の海添の地に移りました。

ただ、古いものとして残っているのは、当寺第二世西念法師が願って、慶長十二年（一六〇七）

四月六日に本願寺第十二世教如上人よりお下し頂いた教如上人のお父上、即ち本願寺第十一世の顕如上人の御真影であります。顕如上人、教如上人と言えば、現在大阪城である石山本願寺を、戦国時代に死守されたお方であります。そのお二方を裏から守って来たのは村上水軍であったと聞き及んでいます。

宝蓮寺開基の代々は、大友家の重臣であったことを考えると、大友家にとっても裏の水軍の力は大きく、村上水軍とも深いつながりがあり、顕如上人、教如上人とお遇いさせて頂いた事と思われますし、仏法こそ総てを超えた一如であると感得されて武士を捨て、僧となつて一寺を建立し、宝蓮寺の開基となつたのでありましょう。

そのような機に戦争は止まり、本願寺は東西に分派したが、全国に真宗は弘まりました。その東本願寺の初代が教如上人であります。

それより、十六代の今日となりますが、宝蓮寺の門徒は五里、十里も離れた山の中に点々とかたまっております。その集落のお宮は、ほとんど熊野権現です。熊野権現は、元来村上水軍の神様であることを思えば、その深く永いつながりが思われてなりません。

○寺宝など　本願寺第十世顕如上人御真影

当寺には、大蔵大臣、農商務大臣、内務大臣、日本銀行総裁を歴任した近代臼杵の先達山本達雄の顕彰碑があり、旧宅の一部も保存しております。

○行事など　一年間の行事は、一月の宗祖聖人御正忌報恩講、春秋二季の彼岸会、永代経などですが、地方としては、海添四区連合の盆踊りを山門前で旧来より行っています。子供たちにとってもよい「懐かしい」安らぎの場であり、「懐かしい」寺苑でありたいと願っています。

宝蓮寺の周囲を案内していただいた後、再び庫裡《くり》に帰って、住職及び奥さんとご一緒に、ひとしきり霊照の事績を振り返ってみた。六十歳にして宝蓮寺に入り、山門をはじめ寺の整備に尽くした功績は極めて大きい。そのとき奥さんがポツリと一言、「霊照さんはうちにとって中興の祖のような人やね」と言われた。

宝蓮寺を辞した後、妻と二人して海添川に沿った細い道を臼杵駅に向かった。外は相変わらずの強い日射しであり、妻がさしかけてくれる日傘の下で、先程の奥さんの言葉を一度ならず二度、三度と反芻《はんすう》してみた。

（平成十四年八月三十日）

関係年表

西暦	和暦	年齢	小吉とその一族に関する事項	国内の政治・経済・社会事象
			小幡一族の祖、宇佐郡御幡に住み宇佐神宮に仕えたか。	
			小幡一族の祖、湯布院に所領をもつ。	
			玖珠郡町田に居住。	
一五五一	天文二〇		小幡一族、玖珠郡四日市に移り住む。	大友宗麟、ザビエルに布教を許可。
一五六〇	永禄三			桶狭間の戦い
一六〇〇	慶長五			関ケ原の戦い
一六二四	寛永元		東光山運行寺開山、開基は祐玄。	
一六三七	一四			島原の乱（～一六三八）起こる。
一六三九	一六		運行寺の本堂建立。	
一六七一	寛文一一		運行寺の三世廣恵、宝塚願勝寺を再興か。	
一六七三	延宝元		運行寺、本山から聖徳太子の御影を許さる。	
一六八四	天和四		運行寺、本山から親鸞上人の御影を許さる。	
一六八五	貞享二			最初の生類憐みの令（～一七〇八）。

一七〇二	元禄一五			赤穂浪士の討ち入り。
一七〇九	宝永　六		運行寺、梵鐘を整備。	
一七一五	正徳　五		運行寺、本山から御絵伝を許さる。	
一七一六	享保　元			享保の改革（〜一七四五）
一七八二	天明　二		松木小幡家の祖・利安、四日市から移住。	
一七八七	七			寛政の改革（〜一七九三）
一八二七	文政一〇		利忠、利縄の次男として誕生、	
一八二九	一二		運行寺の本堂と庫裏が焼失。	
一八三四	天保　五		運行寺の十三世廣道、死去。後継者なし。	
一八三五	六		利縄の長女マチ、霊運と共に運行寺に入る。	日田代官塩谷大四郎、江戸へ召還さる。
一八四一	一二			天保の改革（〜一八四三）
一八四二	一三		利忠、咸宜園に入門。	
一八四四	弘化　元			矢野範治（青邨）、廣瀬淡窓の養子となる。
一八五三	嘉永　六		運行寺十四世霊運死去、十五世は霊照。	ペリー来航。
一八五五	安政　二	一	小吉誕生。父は小幡利忠、母はセキ。	淡窓、咸宜園の熟務を廣瀬青邨に移譲。
一八五六	三	二		淡窓、死去。七十五歳。
一八五八	五	四	利忠の父利縄、死去。六十七歳。	
一八五九	六	五	利忠、利縄の墓を建立。碑文は青邨撰。	

一八六二	文久 二	八	霊照、住職を退き、廣恵が十六世住職。	青邨、咸宜園の塾務を廣瀬林外に移譲。
一八六四	元治 元	一〇	運行寺本堂再建のため木挽き職入り込む。	
一八六五	慶応 元	一一	運行寺の本堂再建、住職は廣恵。	
一八六六	二	一二	小吉、咸宜園に入門。	
一八六八	明治 元	一四	利忠、日田県庁の調役となる。	
一八六九	二	一五	利忠が中心となって、滝水井路などを完成。	
一八七〇	三	一六	暴動により利忠の屋敷は焼失。	日田・玖珠郡で農民による暴動。
一八七一	四	一七	小吉、中津の白石照山の私塾に入門。	林外の東上により、咸宜園、一時閉塾。
一八七二	五	一八	小吉、利忠の家督を継ぐ。	
一八七三	六	一九	小吉、横浜の高島学校に在籍。	玖珠で農民による徴兵令取消強訴事件。
一八七四	七	二〇	霊照、運行寺を出て臼杵宝蓮寺に入寺。	
一八七五	八	二一	小吉、この頃東京湯島の共慣義塾に在籍。	
一八七七	一〇	二三		西南戦争。
一八七九	一二	二五		最初の県会議員選挙。
一八八〇	一三	二六	小吉婚姻、妻は原田茂波。	
一八八一	一四	二七	小吉、大分県会議員補欠選挙で当選。	板垣退助、自由党を結成。
				大隈重信、罷免される。
一八八二	一五	二八		大隈、立憲改進党を結成。
			小吉、豊州立憲改進党の幹事となる。	大分で豊州立憲改進党結成。
			小吉、県会で警察費削減に賛同。	県会で警察費削減が問題となる。

一八八四	明治一七	三〇	小吉、大分県会議員選挙で再選。	青郁、東京で死去。六十六歳。 この頃「松方財政」により米価暴落。 豊州立憲改進党。一時解散、後に再興。
一八八六	一九	三二	小吉の父利忠、死去。五十九歳。	
一八八八	二一	三四	小吉、大分県会議員選挙で再選。	
一八八九	二二	三五	小吉、九州連合同志会結成大会へ参加。 小吉、県会で知事不信任決議に賛同。	熊本で九州連合同志会の結成大会。 日田・玖珠地方で大水害。
一八九〇	二三	三六	小吉、玖珠郡で立憲主義者親睦会。 小吉、福岡での九州連合同志会に参加。	第一回衆議院議員選挙。 福岡で九州連合同志会の大会。
一八九一	二四	三七	小吉、大分県会議員選挙で再選。 小吉、県会で佐賀県道整備を提示。	府県制・郡制の施行 大分県会で佐賀県道整備を決議。
一八九二	二五	三八	小吉、県会で県民からの建議問題で知事に反発。	第二回衆議院議員選挙。
一八九三	二六	三九	小吉、県会を抽選で退任。再選。	
一八九四	二七	四〇	小幡範蔵ら、玖珠に万田銀行を設立。	日清戦争。
一八九五	二八	四一		日清講和条約締結。台湾総督府設置。
一八九六	二九	四二	小吉、県会議員を辞任。台湾総督府に勤務。	
一八九七	三〇	四三		咸宜園、廃塾。
一八九八	三一	四四	小吉、マラリアにかかり台湾から帰国。 小吉、憲政党大分県支部の結成に参加。 小吉、衆議院議員選挙で得票。落選。	憲政党結成。隈板内閣誕生。 衆議院議員臨時総選挙。憲政党が大勝。

一八九九	三二	四五	小吉、憲政党から憲政本党へ。 範蔵、大分県会議員選挙で初当選。	憲政党の分裂。憲政本党の結成。 大分県農工銀行設立。
一九〇〇	三三	四六	小吉、憲政本党から立憲政友会へ移る。 小吉、大分県農工銀行の経営に介入。	立憲政友会、結成。総裁は伊藤博文。
一九〇一	三四	四七	運行寺の廣恵死去。行学十七世住職。	
一九〇四	三七	五〇		日露戦争開始（〜一九〇五）。
一九〇五	三八	五一	利忠、天満社に祀られる。	ポーツマス条約調印。
一九一〇	四三	五六		日本、韓国を併合。
一九一一	四四	五七	小吉の長女ミセ、運行寺の行学に嫁ぐ。 小吉、万年村の学務委員を務める。	関税自主権を回復。
一九一二	大正元	五八		蒲江水力電気、営業許可を受ける。
一九一四	三	六〇	小吉、死去。長男山麓が家督を相続。	第一次世界大戦勃発。
一九一七	六		山麓、大分で電気事業を営む。	蒲江水力電気、営業開始。
一九四一	昭和一六			太平洋戦争開始。
一九四三	一八		山麓、死去。五九歳。	
一九四四	一九		小吉の妻茂波死去。八十二歳。 小吉の三女タエ、利縄の墓を増築。	
一九四五	二〇			太平洋戦争終結。

参考文献

「豊州新報」（明治二十一年）大分県立図書館蔵
「玖珠郡日田郡寺院明細牒」（明治二十三年）大分県立図書館蔵
大分県編『大分県会決議録（明治二十五〜三十年）』国立国会図書館蔵
大分県編『大分県通常県議会議事録附録』大分県、明治二十九年
「大分新聞」（明治三十一年八月）大分県立図書館蔵
「千原家文書」九州大学附属図書館付設記録資料館九州文化史資料部門蔵
大悟法雄太郎『大分県紳士録』明治三十七年
小俣慤編『大分県人名辞書』大正六年
長野潔『大分県政党史』豊州新報社、大正十五年
山口半七『大分県の耆宿山口翁』立憲民政党大分県支部、昭和五年
衛藤庵『党人郷記』大分新聞社、昭和八年
草野富吉編『咸宜園写真帖』大分県日田淡窓図書館、昭和十一年
大分県政史刊行会編『大分県政史』大分県、昭和三十年
玖珠郡史編集委員会編『玖珠郡史』大分県玖珠郡玖珠町・九重町役場、昭和四十年
禿迷盧『続小国郷史』河津泰雄、昭和四十年
公明選挙連盟編『衆議院議員選挙の実績』昭和四十二年
廣瀬恒太編著『日田御役所から日田県へ』帆足コウ、昭和四十四年

大分県農政部耕地課編『大分県土地改良史』大分県、昭和四十七年
富来隆『大分県の歴史 第八巻 自由民権の波』大分合同新聞社、昭和五十三年
今永清二編『中津の歴史』中津市、昭和五十五年
日田市教育委員会編『廣瀬淡窓生誕二百年記念展』昭和五十六年
戦前期官僚制研究会編『戦前期日本官僚制の制度・組織・人事』東京大学出版会、昭和五十六年
新藤東洋男『自由民権運動と九州地方』古雅書店、昭和五十七年
国会百年史刊行会編『日本国会百年史 上巻』昭和五十七年
「日田の先哲」編集委員会編『日田の先哲』日田市教育委員会、昭和五十九年
大分県総務部総務課編『大分県史 近代篇Ⅱ』大分県、昭和六十一年
豊田寛三・加藤泰信・末広利人『県民百年史 大分県の百年』山川出版社、昭和六十一年
野田秋生『大分県政党史の研究』山口書店、平成二年
歴代知事編纂会編『新編日本の歴代知事』平成三年
玖珠郡史談会編『玖珠川歴史散歩』葦書房、平成三年
玖珠郡九重町編『九重町誌』平成七年
日本図書センター編『旧植民地人事総覧』（台湾編一）平成九年
村川一郎編著『日本政党史辞典 上巻』国書刊行会、平成十年
吉田稔『臼杵人脈』平成十一年
玖珠町史編纂委員会編『玖珠町史』玖珠町教育委員会、平成十三年

あとがき

小吉のことについては、相当むかしから断片的ながら妻直子や母八千代から聞かされてきた。例えば慶応義塾の出身であること、衆議院議員選挙に立候補したが落選したこと、等々である。今回の資料調査によって相当誤りを修正し、また不明なところを明らかにできたと思う。

最初に手にした資料は、大分県編『大分県史 近代篇Ⅱ』であり、ところどころに小吉の名前が出てくるのに驚いた。その後、長野潔『大分県政党史』や野田秋生『大分県政党史の研究』などを入手した。特に『大分県政党史の研究』には大変お世話になった。

また、調査の中途では思いもかけず運行寺史料が出てきたが、正直なところ困惑した。冒頭から原稿を書き換えることも考えたが、読者に調査の過程を知ってもらうには、本稿に見るとおり追記にする方がいいのではないかと考えた。

ところで、本書の表題は『小幡小吉小伝』としたが、本文に見るとおり小吉は伝記に描かれるような偉人でもなく、また後世に語り継がれるような功績を残したわけでもない。著者の私としては、単に小吉がどんな人物であったかを少しでも知りたいと思っただけのことである。そして推理を働かせながら資料や関係縁者を探し求めるうちに小吉にはまってしまい、資料探し、骨格づくり、現地調査、聞き取り、そして原稿書きに追われる結果となった。特に骨格づくりでは、読者を小吉の親族に限定するか、あるいはもっと一般化するか、大いに迷ってしまったが、最終的にはご覧のとおり専ら身内を意識したものになった。小幡家あるいは運行寺ゆかりの人々にとって先祖を知る手引きになれば幸いである。

また資料探しの最後には、九州大学の九州文化史研究所で小吉の手紙を見つけることができた。和紙の切り紙三枚を継ぎ足した紙に毛筆で書かれており、文体は候文である。小吉の写真も肖像画も残っていない状況下で、肉筆の書状は極めて貴重である。

今回の調査をしながら、もう少し早く着手すればよかったと悔やまれた。母八千代も本年十一月で九十歳、また運行寺住職の廣行も高齢になりすぎたし、二人とも記憶をたどることも難しくなった。小幡の一族でも小吉を知る人はもうほとんどいない。とはいえ、何とかこの小冊子を母八千代や廣行の存命中にまとめることができた。良しとしなければなるまいと思う。あるとき原稿を母に見せたところ、懐かしい人名や地名を指で追いながらページを一枚一枚めくっていた。これを見て私も約束を果たせたような気がしたものである。

なお、調査の過程で実に多くの方々にお会いした。また飛び込みなどの非礼にもかかわらず、どなたからも親身にご協力をいただいた。妻の直子は、血縁の方にお会いする度に世代を指折り数えていたが、ほとんどの方が八親等あるいは十親等程離れていた。法律上は六親等までを親族と言うらしいが、妻にとっては決して他人には思えなかったはずである。さらには仏縁により運行寺ゆかりの寺を訪ねることができ、貴重な史料を拝見させていただいた。振り返ってみれば多くの方々のご協力があって、ようやくこの小冊子をまとめることができた。

末筆になってしまったが、皆様のご協力に心からお礼を申し上げるとともに、益々のご健勝を祈念して、この小稿のむすびとさせていただきたい。

平成十七（二〇〇五）年　重陽の日

松岡博和

【あとがき追記】

以上に記したとおり、本書の原稿は平成十七年秋に一旦完成したのであるが、諸々の事情があったため、やむなく印刷・製本を見合わせていた。ところが最近になって、小幡一族の方々からも本書の出版を望む声が大きくなり、皆様のご協力によってようやく出版の運びとなった。著者としても大変喜ばしいことである。

また本書の刊行に当たっては、海鳥社の別府大悟氏から貴重なご助言をいただいた。さらに表紙カバーの写真は、写真家川上信也氏からご提供いただいた。お二人には深く感謝申し上げたい。

なお本書の記述内容は、原稿が完成した平成十七年秋の時点のままであることをお断りしておきたい。

平成二十年七月

松岡博和（まつおか・ひろかず）
昭和23（1948）年３月，福岡県京都郡生まれ。福岡市東区在住。茶の湯文化学会，玖珠郡史談会及び福岡地方史研究会の会員。著書に『南方録と立花実山』（海鳥社，1998年）他。

豊州《ほうしゅう》立憲《りつけん》改進党《かいしんとう》党員《とういん》 小幡《おばた》小吉《こきち》小伝《しょうでん》

■

2008年８月23日　第１刷発行

■

著者　松岡博和

発行者　西　俊明

発行所　有限会社海鳥社

〒810-0074 福岡市中央区大手門３丁目６番13号

電話 092(771)0132　FAX 092(771)2546

http://www.kaichosha-f.co.jp

印刷　大村印刷株式会社

製本　日宝綜合製本株式会社

ISBN978-4-87415-675-9

［定価は表紙カバーに表示］